# 彩票机构会计制度

## 2013

中华人民共和国财政部 制定

经济科学出版社

图书在版编目（CIP）数据

彩票机构会计制度.2013/中华人民共和国财政部制定.—北京：经济科学出版社，2014.3
ISBN 978－7－5141－4363－8

Ⅰ.①彩…　Ⅱ.①中…　Ⅲ.①彩票－服务业－会计制度－中国－2013　Ⅳ.①F719.5

中国版本图书馆CIP数据核字（2014）第034737号

责任编辑：黄双蓉
责任校对：徐领柱
责任印制：邱　天

**彩票机构会计制度**
**2013**

中华人民共和国财政部　制定
经济科学出版社出版、发行　新华书店经销
社址：北京市海淀区阜成路甲28号　邮编：100142
总编部电话：010－88191217　发行部电话：010－88191522
网址：www.esp.com.cn
电子邮件：esp@esp.com.cn
天猫网店：经济科学出版社旗舰店
网址：http：//jjkxcbs.tmall.com
河北零五印刷厂印装
880×1230　32开　7.25印张　120000字
2014年3月第1版　2014年3月第1次印刷
ISBN 978－7－5141－4363－8　定价：32.00元
（图书出现印装问题，本社负责调换。电话：010－88191502）
（版权所有　翻印必究）

# 财政部文件

财会〔2013〕23 号

# 财政部关于印发《彩票机构会计制度》的通知

中国福利彩票发行管理中心、国家体育总局体育彩票管理中心，各省、自治区、直辖市财政厅（局）：

为了进一步规范彩票机构的会计核算，提高会计信息质量，根据《中华人民共和国会计法》、《事业单位会计准则》（财政部令第 72 号），并结合《彩票机构财务管理办法》（财综〔2012〕89 号）规定，我部制定了《彩票机构会计制度》。现将《彩票机构会计制度》印发给你们，自 2014 年 1 月 1 日起施行。执行中有何问题，请及时反馈我部。

附件：彩票机构会计制度

财政部

2013 年 12 月 24 日

# 目　　录

## 彩票机构会计制度 …………………………（1）

第一部分　总说明………………………………（3）

第二部分　会计科目名称和编号………………（6）

第三部分　会计科目使用说明…………………（9）

第四部分　会计报表格式………………………（97）

第五部分　财务报表编制说明…………………（104）

## 附　录　相关法规及规范性文件 …………（123）

中华人民共和国会计法…………………………（125）

彩票管理条例……………………………………（139）

事业单位会计准则………………………………（150）

彩票管理条例实施细则…………………………（162）

彩票机构财务管理办法……………………（181）
彩票发行销售管理办法……………………（197）
彩票机构新旧会计制度有关衔接
问题的处理规定……………………………（212）

# 彩票机构会计制度

## 目　录

第一部分　总说明
第二部分　会计科目名称和编号
第三部分　会计科目使用说明
第四部分　会计报表格式
第五部分　财务报表编制说明

# 第一部分　总说明

一、为了规范彩票机构的会计核算，保证会计信息质量，根据《中华人民共和国会计法》和《事业单位会计准则》，结合《彩票机构财务管理办法》相关规定，制定本制度。

二、本制度适用于彩票发行机构和彩票销售机构（以下简称"彩票机构"）。

三、彩票机构对基本建设投资的会计核算在执行本制度的同时，还应当按照国家有关基本建设会计核算的规定单独建账、单独核算。

四、彩票机构会计核算一般采用收付实现制，但部分经济业务或者事项的核算应当按照本制度的规定采用权责发生制。

五、彩票机构应当按照《彩票机构财务管理办法》

或相关财务制度的规定对固定资产计提折旧、对无形资产进行摊销。

六、彩票机构会计要素包括资产、负债、净资产、收入和支出。

七、彩票机构应当按照下列规定运用会计科目：

（一）彩票机构应当按照本制度的规定设置和使用会计一级科目。在不影响会计处理和编报财务报表的前提下，结合彩票机构自身业务特点可以根据实际情况自行增设某些明细科目。

（二）本制度统一规定会计科目的编号，以便于填制会计凭证、登记账簿、查阅账目，编制和汇总报表，实行会计信息化管理。彩票机构不得打乱重编。

（三）彩票机构在填制会计凭证、登记会计账簿时，应当填列会计科目的名称，或者同时填列会计科目的名称和编号，不得只填列科目编号、不填列科目名称。

八、彩票机构应当按照下列规定编报财务报表：

（一）彩票机构的财务报表由会计报表及其附注构成。会计报表包括资产负债表、收入支出表、财政专户核拨资金收入支出表以及相关附表。

（二）彩票机构的财务报表应当按照月度和年度编制。

（三）彩票机构应当根据本制度规定编制并对外提供真实、完整的财务报表。彩票机构不得违反本制度规定，随意改变财务报表的编制基础、编制依据、编制原则和方法，不得随意改变本制度规定的财务报表有关数据的会计口径。

（四）彩票机构财务报表应当根据登记完整、核对无误的账簿记录和其他有关资料编制，做到数字真实、计算准确、内容完整、报送及时。

（五）彩票机构财务报表应当由单位负责人和主管会计工作的负责人、会计机构负责人（会计主管人员）签名并盖章。

九、彩票机构会计机构设置、会计人员配备、会计基础工作、会计档案管理、内部控制等，按照《中华人民共和国会计法》、《会计基础工作规范》、《会计档案管理办法》、《行政事业单位内部控制规范（试行）》等规定执行。开展会计信息化工作的彩票机构，还应按照财政部制定的相关会计信息化工作规范执行。

十、本制度自 2014 年 1 月 1 日起施行。2001 年 12 月 17 日财政部印发的《财政部关于彩票发行与销售机构执行〈事业单位会计制度〉有关问题的通知》（财会〔2001〕63 号）同时废止。

# 第二部分
# 会计科目名称和编号

| 序　号 | 科目编号 | 科目名称 |
| --- | --- | --- |
| 一、资产类 | | |
| 1 | 1001 | 库存现金 |
| 2 | 1002 | 银行存款 |
| 3 | 1011 | 零余额账户用款额度 |
| 4 | 1101 | 短期投资 |
| 5 | 1211 | 应收票据 |
| 6 | 1212 | 应收账款 |
| 7 | 1213 | 预付账款 |
| 8 | 1215 | 其他应收款 |
| 9 | 1301 | 库存材料 |
| 10 | 1302 | 库存彩票 |
| 11 | 1401 | 长期投资 |
| 12 | 1501 | 固定资产 |
| 13 | 1502 | 累计折旧 |
| 14 | 1511 | 在建工程 |
| 15 | 1601 | 无形资产 |

续表

| 序　号 | 科目编号 | 科目名称 |
|---|---|---|
| 16 | 1602 | 累计摊销 |
| 17 | 1701 | 待处置资产损溢 |
| 二、负债类 | | |
| 18 | 2001 | 短期借款 |
| 19 | 2101 | 应缴税费 |
| 20 | 2102 | 应缴国库款 |
| 21 | 2103 | 应缴财政专户款 |
| 22 | 2201 | 应付职工薪酬 |
| 23 | 2301 | 应付票据 |
| 24 | 2302 | 应付账款 |
| 25 | 2303 | 预收账款 |
| 26 | 2305 | 其他应付款 |
| 27 | 2401 | 应付返奖奖金 |
| 28 | 2402 | 应付代销费 |
| 29 | 2403 | 彩票销售结算 |
| 30 | 2501 | 长期借款 |
| 31 | 2502 | 长期应付款 |
| 三、净资产类 | | |
| 32 | 3001 | 事业基金 |
| 33 | 3005 | 库存彩票基金 |
| 34 | 3101 | 非流动资产基金 |
| | 310101 | 长期投资 |
| | 310102 | 固定资产 |
| | 310103 | 在建工程 |
| | 310104 | 无形资产 |
| 35 | 3201 | 专用基金 |
| | 320101 | 职工福利基金 |
| | 320102 | 彩票兑奖周转金 |
| | 320103 | 彩票发行销售风险基金 |
| | 320104 | 其他专用基金 |

续表

| 序　号 | 科目编号 | 科目名称 |
|---|---|---|
| 36 | 3301 | 财政专户核拨资金结转 |
|  | 330101 | 基本支出结转 |
|  | 330102 | 项目支出结转 |
| 37 | 3302 | 财政专户核拨资金结余 |
| 38 | 3401 | 非财政专户核拨资金结转 |
| 39 | 3402 | 待分配事业结余 |
| 40 | 3403 | 经营结余 |
| 41 | 3404 | 非财政专户核拨资金结余分配 |
| 四、收入类 | | |
| 42 | 4101 | 事业收入 |
| 43 | 4201 | 上级补助收入 |
| 44 | 4301 | 附属单位上缴收入 |
| 45 | 4401 | 经营收入 |
| 46 | 4501 | 其他收入 |
| 五、支出类 | | |
| 47 | 5001 | 事业支出 |
| 48 | 5201 | 对附属单位补助支出 |
| 49 | 5301 | 经营支出 |
| 50 | 5401 | 其他支出 |

# 第三部分
# 会计科目使用说明

## 一、资产类

### 1001 库存现金

一、本科目核算彩票机构的库存现金。

二、彩票机构应当严格按照国家有关现金管理的规定收支现金,并按照本制度规定核算现金的各项收支业务。

三、库存现金的主要账务处理如下:

(一)从银行等金融机构提取现金时,按照实际提取的金额,借记本科目,贷记"银行存款"等科目;将现金存入银行等金融机构时,按照实际存入的金额,借记"银行存款"等科目,贷记本科目。

(二)因内部职工出差等原因借出现金时,按照实际借出的现金金额,借记"其他应收款"科目,贷记本科目;出差人员报销差旅费时,按照应报销的金额,借记有关科目,按照实际借出的现金金额,贷记"其他应收款"科目,按其差额,借记或贷记本科目。

(三)因开展业务等其他事项收到现金时,按照实际收到的金额,借记本科目,贷记有关科目;因购买服务或商品等其他事项支出现金时,按照实际支出的金额,借记有关科目,贷记本科目。

四、彩票机构应当设置"现金日记账",由出纳人员根据收付款凭证,按照业务发生顺序逐笔登记。每日终了,应当计算当日的现金收入合计数、现金支出合计数和结余数,并将结余数与实际库存数核对,做到账款相符。

每日账款核对中发现现金溢余或短缺的,应当及时进行处理。如发现现金溢余,属于应支付给有关人员或单位的部分,借记本科目,贷记"其他应付款"科目;属于无法查明原因的部分,借记本科目,贷记"其他收入"科目。如发现现金短缺,属于应由责任人赔偿的部分,借记"其他应收款"科目,贷记本科目;属于无法查明原因的部分,报经批准后,借记"其他支出"科目，贷记本科目。

五、彩票机构有外币现金的，应当分别按照人民币、各种外币设置"现金日记账"进行明细核算。有关外币现金业务的账务处理参见"银行存款"科目的相关规定。

六、本科目期末借方余额，反映彩票机构实际持有的库存现金。

## 1002　银行存款

一、本科目核算彩票机构存入银行或其他金融机构的各种存款。

二、彩票机构应当严格按照国家有关支付结算办法的规定办理银行存款收支业务，并按照本制度规定核算银行存款的各项收支业务。

三、银行存款的主要账务处理如下：

（一）将款项存入银行或其他金融机构时，借记本科目，贷记"库存现金"、"事业收入"、"经营收入"等有关科目。

（二）提取和支出存款时，借记有关科目，贷记本科目。

四、彩票机构发生外币业务的，应当按照业务发生当日（或当期期初，下同）的即期汇率，将外币金额折算为人民币记账，并登记外币金额和汇率。

期末，各种外币账户的外币余额应当按照期末的即期汇率折算为人民币金额，作为外币账户期末人民币余额。调整后的各种外币账户人民币余额与原账面人民币余额的差额，作为汇兑损益计入相关支出。

（一）以外币购买服务或商品时，按照购入当日的即期汇率将支付的外币或应支付的外币折算为人民币金额，借记有关科目，贷记本科目、"应付账款"等科目的外币账户。

（二）以外币收取相关款项时，按照收取款项或收入确认当日的即期汇率将收取的外币或应收取的外币折算为人民币金额，借记本科目、"应收账款"等科目的外币账户，贷记有关科目。

（三）期末，根据各外币账户按期末的即期汇率折算的人民币余额与原账面人民币余额的差额，作为汇兑损益，借记或贷记本科目、"应收账款"、"应付账款"等科目，贷记或借记"事业支出"、"经营支出"等科目。

五、彩票机构应当按开户银行或其他金融机构、存款种类及币种等，分别设置"银行存款日记账"，由出纳人员根据收付款凭证，按照业务的发生顺序逐笔登记，每日终了应结出余额。"银行存款日记账"应定期与"银行对账单"核对,至少每月核对一次。月度终了,彩票机构银行存款账面余额与银行对账单余额之间如有差额,必须逐笔查明原因并进行处理,按月编制"银行存款余额调节表"调节相符。

六、本科目期末借方余额,反映彩票机构实际存放在银行或其他金融机构的款项。

## 1011 零余额账户用款额度

一、本科目核算实行财政专户与零余额账户清算模式的彩票机构根据财政部门批复的用款计划收到和支用的零余额账户用款额度。

二、零余额账户用款额度的主要账务处理如下:

(一)在财政授权支付方式下,收到代理银行盖章的授权支付到账通知书时,根据通知书所列数额,借记本科目,贷记"事业收入"科目。

(二)按规定支用额度时,借记有关科目,贷记本科目。

(三)从零余额账户提取现金时,借记"库存现金"科目,贷记本科目。

(四)因购货退回等发生国库授权支付额度退回的,属于以前年度支付的款项,按照退回金额,借记本科目,贷记"财政专户核拨资金结转"、"财政专户核拨资金结余"、"库存材料"等有关科目；属于本年度支付的款项，按照退回金额，借记本科目，贷记"事业支出"、"库存材料"等有关科目。

三、本科目期末借方余额，反映彩票机构尚未支用的零余额账户用款额度。本科目年末应无余额。

## 1101 短期投资

一、本科目核算彩票机构依法取得的，持有时间不超过1年（含1年）的投资，主要是国债投资。

二、彩票机构应当严格遵守国家法律、行政法规以及财政部门、主管部门关于对外投资的有关规定。

三、本科目应当按照国债投资的种类等进行明细核算。

四、短期投资的主要账务处理如下：

（一）短期投资在取得时，应当按照其实际成本（包括购买价款以及税金、手续费等相关税费）作为投资成本，借记本科目，贷记"银行存款"等科目。

（二）短期投资持有期间收到利息时，按照实际收到的金额，借记"银行存款"科目，贷记"其他收入——投资收益"科目。

（三）出售短期投资或到期收回短期国债本息时，按照实际收到的金额，借记"银行存款"科目，按照出售或收回短期国债的成本，贷记本科目，按照其差额，贷记或借记"其他收入——投资收益"科目。

五、本科目期末借方余额，反映彩票机构持有的短期投资成本。

## 1211 应收票据

一、本科目核算彩票机构因开展经营活动销售产品、提供有偿服务等收到的商业汇票，包括银行承兑汇票和商业承兑汇票。

二、本科目应当按照开出、承兑商业汇票的单位等进行明细核算。

三、应收票据的主要账务处理如下：

（一）因销售产品、提供有偿服务等收到商业汇票时，按照商业汇票的票面金额，借记本科目，按照确认的收入金额，贷记"经营收入"等科目，按照应缴增值税金额，贷记"应缴税费——应缴增值税"科目。

（二）持未到期的商业汇票向银行贴现时，按照实际收到的金额（即扣除贴现息后的净额），借记"银行存款"科目，按照贴现息金额，借记"经营支出"等科目，按照商业汇票的票面金额，贷记本科目。

（三）将持有的商业汇票背书转让以取得所需物资时，按照取得物资的成本，借记有关科目，按照商业汇票的票面金额，贷记本科目，如有差额，借记或贷记"银行存款"等科目。

（四）商业汇票到期时，应当分别以下情况处理：

1. 收回应收票据，按照实际收到的商业汇票票面金额，借记"银行存款"科目，贷记本科目。

2. 因付款人无力支付票款，收到银行退回的商业承兑汇票、委托收款凭证、未付票款通知书或拒付款证明时，按照商业汇票的票面金额，借记"应收账款"科目，贷记本科目。

四、彩票机构应当设置"应收票据备查簿"，逐笔登记每一应收票据的种类、号数、出票日期、到期日、票面金额、交易合同号和付款人、承兑人、背书人姓名或单位名称、背书转让日、贴现日期、贴现率和贴现净额、收款日期、收回金额和退票情况等资料。应收票据到期结清票款或退票后，应当在备查簿内逐笔注销。

五、本科目期末借方余额，反映彩票机构持有的商业汇票票面金额。

# 1212 应收账款

一、本科目核算彩票机构因开展彩票发行销售业务活动、提供有偿服务、彩票机构之间因联网游戏奖金结算等应收取的款项。

二、本科目应当按照接受劳务单位（或个人）进行明细核算。

三、应收账款的主要账务处理如下：

（一）发生应收账款时，按照应收未收金额，借记本科目，按照确认的收入金额，贷记"经营收入"等科目，按照应缴增值税金额，贷记"应缴税费——应缴增值税"科目。

（二）彩票机构之间因联网游戏奖金结算产生的应收取的款项，按照实际发生的金额，借记本科目，贷记"应付返奖奖金"、"应缴财政专户款"等科目。

（三）收回应收账款时，按照实际收到的金额，借记"银行存款"等科目，贷记本科目。

四、因市场变化或不可抗力事件，或逾期三年或以上、有确凿证据表明确实无法收回的应收账款，按规定报经批准后予以核销。核销的应收账款应在"已核销应收账款备查簿"中保留登记。

（一）转入待处置资产时，按照待核销的应收账款金额，借记"待处置资产损溢"科目，贷记本科目。

（二）报经批准予以核销时，对于因市场变化或不可抗力事件等造成的坏账损失，借记"专用基金——彩票发行销售风险基金"科目，贷记"待处置资产损溢"科目；对于其他一般性坏账损失，借记"其他支出"科目，贷记"待处置资产损溢"科目。

（三）已核销应收账款在以后期间收回的，按照实际收回的金额，借记"银行存款"等科目，贷记"其他收入"科目。

五、本科目期末借方余额，反映彩票机构尚未收回的应收账款。

## 1213 预付账款

一、本科目核算彩票机构按照购买服务或商品合同规定预付给供应单位的款项。

二、本科目应当按照供应单位（或个人）进行明细核算。

彩票机构应当通过明细核算或辅助登记方式，登记预付账款的资金性质。

三、预付账款的主要账务处理如下：

（一）发生预付账款时，按照实际预付的金额，借记本科目，贷记"银行存款"等科目。

（二）收到所购服务或商品时，按照购入服务或商品的实际成本，借记有关科目，按照相应合同预付款金额，贷记本科目，按照补付的款项，贷记"银行存款"等科目。

收到所购固定资产、无形资产的，按照确定的资产成本，借记"固定资产"、"无形资产"科目，贷记"非流动资产基金——固定资产、无形资产"科目；同时，按照资产购置支出金额，借记"事业支出"、"经营支出"等科目，按照相应预付账款金额，贷记本科目，按照补付的款项，贷记"银行存款"等科目。

四、逾期三年或以上、有确凿证据表明因供货单位破产、撤销等原因已无望再收到所购物资，且确实无法收回的预付账款，按规定报经批准后予以核销。核销的预付账款应在"已核销预付账款备查簿"中保留登记。

（一）转入待处置资产时，按照待核销的预付账款金额，借记"待处置资产损溢"科目，贷记本科目。

（二）报经批准予以核销时，借记"其他支出"科目，贷记"待处置资产损溢"科目。

（三）已核销预付账款在以后期间收回的，按照实际收回的金额，借记"银行存款"等科目，贷记"其他收入"科目。

五、本科目期末借方余额，反映彩票机构实际预付但尚未结算的款项。

## 1215 其他应收款

一、本科目核算彩票机构除应收票据、应收账款、预付账款以外的其他各项应收及暂付款项，如职工预借的差旅费、拨付给内部有关部门的备用金、应向职工收取的各种垫付款项等。

二、本科目应当按照其他应收款的类别以及债务单位（或个人）进行明细核算。

三、其他应收款的主要账务处理如下：

（一）发生其他各种应收及暂付款项时，借记本科目，贷记"银行存款"、"库存现金"等科目。

（二）收回或转销其他各种应收及暂付款项时，借记"库存现金"、"银行存款"等科目，贷记本科目。

（三）彩票机构内部实行备用金制度的，有关部门使用备用金以后应当及时到财务部门报销并补足备用金。财务部门核定并发放备用金时，借记本科目，贷记"库存现金"等科目。根据报销数用现金补足备用金定额时，借记有关科目，贷记"库存现金"等科目，报销数和拨补数都不再通过本科目核算。

四、逾期三年或以上、有确凿证据表明确实无法收回的其他应收款，按规定报经批准后予以核销。核销的其他应收款应在"已核销其他应收款备查簿"中保留登记。

（一）转入待处置资产时，按照待核销的其他应收款金额，借记"待处置资产损溢"科目，贷记本科目。

（二）报经批准予以核销时，借记"其他支出"科目，贷记"待处置资产损溢"科目。

（三）已核销其他应收款在以后期间收回的，按照实际收回的金额，借记"银行存款"等科目，贷记"其他收入"科目。

五、本科目期末借方余额，反映彩票机构尚未收回的其他应收款。

## 1301　库存材料

一、本科目核算彩票机构在开展业务活动及其他活动中为耗用而储存的各种材料、燃料、包装物、低值易耗品、热敏纸、投注单及达不到固定资产标准的用具、装具等的实际成本。

彩票机构随买随用的零星办公用品，可以在购进时直接列作支出，不通过本科目核算。

二、本科目应当按照库存材料的种类、规格、保管地点等进行明细核算。

三、库存材料的主要账务处理如下：

（一）库存材料在取得时，应当按照其实际成本入账。

1. 购入的库存材料，其成本包括购买价款、相关税费、运输费、装卸费、保险费以及其他使得库存材料达到目前场所和状态所发生的其他支出。

购入的库存材料验收入库时，按确定的成本，借记本科目，贷记"银行存款"、"应付账款"等科目。

2. 接受捐赠、无偿调入的库存材料，其成本按照有关凭据注明的金额加上相关税费、运输费等确定；没有相关凭据的，其成本比照同类或类似库存材料的市场价格加上相关税费、运输费等确定；没有相关凭据且其同类或类似库存材料的市场价格也无法可靠取得的，该库存材料以名义金额（即人民币1元，下同）入账。

接受捐赠、无偿调入的库存材料验收入库，按照确定的成本，借记本科目，按照发生的相关税费、运输费等，贷记"银行存款"等科目，按照其差额，贷记"其他收入"科目。

以名义金额入账的情况下，按照名义金额，借记本科目，贷记"其他收入"科目；按照发生的相关税费、运输费等，借记"其他支出"科目，贷记"银行存款"等科目。

（二）库存材料在发出时，应当根据实际情况采用先进先出法、加权平均法或者个别计价法确定发出库存材料的实际成本。计价方法一经确定，不得随意变更。低值易耗品的成本于领用时一次转销。

1. 开展彩票发行销售业务活动等领用、发出库存材料时，按照领用、发出库存材料的实际成本，借记"事业支出"、"经营支出"等科目，贷记本科目。

2. 对外捐赠、无偿调出库存材料时，按照库存材料的账面余额，借记"待处置资产损溢"科目，贷记本科目。

实际捐出、调出库存材料时，按照"待处置资产损溢"科目的相应余额，借记"其他支出"科目，贷记"待处置资产损溢"科目。

四、彩票机构的库存材料应当定期进行清查盘点，至少每年盘点一次。对于发生的库存材料盘盈、盘亏或者毁损、报废，应当及时查明原因，按规定报经批准后进行账务处理。

（一）盘盈的库存材料，按照同类或类似库存材料的实际成本或市场价格确定入账价值；同类或类似库存材料的实际成本、市场价格均无法可靠取得的，按照名义金额入账。

盘盈的库存材料，按照确定的入账价值，借记本科目，贷记"其他收入"科目。

（二）库存材料发生盘亏或者毁损、报废时，按照待处置库存材料的账面余额，借记"待处置资产损溢"科目，贷记本科目。

报经批准予以处置时，按照"待处置资产损溢"科目的相应余额，借记"其他支出"科目，贷记"待处置资产损溢"科目。

处置库存材料过程中所取得的收入、发生的费用，以及处置收入扣除相关处置费用后的净收入的账务处理，参见"待处置资产损溢"科目。

五、本科目期末借方余额，反映彩票机构库存材料的实际成本。

## 1302　库存彩票

一、本科目核算彩票机构购进的已验收入库彩票的实际成本。

二、本科目应当按照彩票品种及游戏进行明细核算。

三、库存彩票的主要账务处理如下：

（一）按照彩票印制合同或订货单规定向彩票印制单位支付印制费时，按照实际支付的印制费金额，借记"事业支出"科目，贷记"银行存款"科目。

（二）购入的彩票验收入库时，按照实际支付的印制费等确定的成本,借记本科目,贷记"库存彩票基金"科目。

(三)发出库存彩票时,应当按照加权平均法或个别计价法确定发出彩票的实际成本,借记"库存彩票基金"科目,贷记本科目。

(四)发生彩票退回时,借记本科目,贷记"库存彩票基金"科目。

四、彩票机构应当严格执行彩票出入库制度,按彩票品种建立库存彩票明细账和台账,定期或不定期盘点,定期核对库存彩票明细账、台账与总账,年度终了前应当进行全面盘点清查。

五、对于盘盈、盘亏及毁损、报废的库存彩票,彩票机构应当及时查明原因,按照规定报经批准后进行账务处理。

(一)盘盈的库存彩票,按照同类库存彩票的入账成本确认入账价值,借记本科目,贷记"库存彩票基金"科目。

(二)库存彩票发生盘亏或者毁损、报废时,按照待处置库存彩票的账面价值,借记"待处置资产损溢"科目,贷记本科目。

报经批准予以处置时,按照处置库存彩票对应的库存彩票基金,借记"库存彩票基金"科目,贷记

"待处置资产损溢"。

处置毁损、报废库存彩票过程中所取得的收入、发生的相关费用,以及处置收入扣除相关费用后的净收入的账务处理,参见"待处置资产损溢"科目。

六、本科目期末借方余额,反映库存彩票的实际成本。

## 1401　长期投资

一、本科目核算彩票机构依法取得的,持有时间超过1年(不含1年)的股权和债权性质的投资。

二、彩票机构应当严格控制对外投资。在保证彩票机构正常运转和业务发展的前提下,按照国家有关规定可以对外投资的,应当履行相关审批程序。彩票机构对外投资必须是与彩票发行销售业务有关的项目,不得从事股票、期货、基金、企业债券等投资,国家另有规定的除外。彩票机构以非货币性资产对外投资的,应当按照国家有关规定进行资产评估,合理确定资产价值。

三、本科目应当按照长期投资的种类和被投资单位等进行明细核算。

四、长期投资的主要账务处理如下:

(一)长期股权投资

1. 长期股权投资在取得时,应当按照其实际成本作为投资成本。

(1) 以货币资金取得的长期股权投资,

按照实际支付的全部价款(包括购买价款以及税金、手续费等相关税费)作为投资成本,借记本科目,贷记"银行存款"等科目;同时,按照投资成本金额,借记"事业基金"科目,贷记"非流动资产基金——长期投资"科目。

(2) 以固定资产取得的长期股权投资,按照评估价值加上相关税费作为投资成本,借记本科目,贷记"非流动资产基金——长期投资"科目,按发生的相关税费,借记"其他支出"科目,贷记"银行存款"、"应缴税费"等科目;同时,按照投出固定资产对应的非流动资产基金,借记"非流动资产基金——固定资产"科目,按照投出固定资产已计提折旧,借记"累计折旧"科目,按照投出固定资产的账面余额,贷记"固定资产"科目。

(3) 以已入账无形资产取得的长期股权投资,按照评估价值加上相关税费作为投资成本,借记本科目,贷记"非流动资产基金——长期投资"科目,按发生的相关税费,借记"其他支出"科目,贷记"银行存款"、"应缴税费"等科目;同时,按照投出无形资产对应的非流动资产基金，借记"非流动资产基金——无形资产"科目，按照投出无形资产已计提摊销，借记"累计摊销"科目，按照投出无形资产的账面余额，贷记"无形资产"科目。

以未入账无形资产取得的长期股权投资，按照评估价值加上相关税费作为投资成本，借记本科目，贷记"非流动资产基金——长期投资"科目，按发生的相关税费，借记"其他支出"科目，贷记"银行存款"、"应缴税费"等科目。

2. 长期股权投资持有期间，收到利润等投资收益时，按照实际收到的金额，借记"银行存款"等科目，贷记"其他收入——投资收益"科目。

3. 转让长期股权投资，转入待处置资产时，按照待转让长期股权投资的账面余额，借记"待处置资产损溢——处置资产价值"科目，贷记本科目。

实际转让时，按照所转让长期股权投资对应的非流动资产基金，借记"非流动资产基金——长期投资"科目，贷记"待处置资产损溢——处置资产价值"科目。

转让长期股权投资过程中取得价款、发生相关税费，以及转让价款扣除相关税费后的净收入的账务处理，参见"待处置资产损溢"科目。

4. 因被投资单位破产、清算等原因，有确凿证据表明长期股权投资发生损失，按规定报经批准后予以核销。将待核销长期股权投资转入待处置资产时，按照待核销的长期股权投资账面余额，借记"待处置资产损溢——处置资产价值"科目，贷记本科目。

报经批准予以核销时，借记"非流动资产基金——长期投资"科目，贷记"待处置资产损溢——处置资产价值"科目。

（二）长期债券投资

1. 长期债券投资在取得时，应当按照其实际成本作为投资成本。

以货币资金购入的长期债券投资，按照实际支付的全部价款（包括购买价款以及税金、手续费等相关税费）作为投资成本，借记本科目，贷记"银行存款"等科目；同时，按照投资成本金额，借记"事业基金"科目，贷记"非流动资产基金——长期投资"科目。

2. 长期债券投资持有期间收到利息时，按照实际收到的金额，借记"银行存款"等科目，贷记"其他收入——投资收益"科目。

3. 对外转让或到期收回长期债券投资本息，按照实际收到的金额，借记"银行存款"等科目，按照收回长期投资的成本，贷记本科目，按照其差额，贷记或借记"其他收入——投资收益"科目；同时，按照收回长期投资对应的非流动资产基金，借记"非流动资产基金——长期投资"科目，贷记"事业基金"科目。

五、本科目期末借方余额，反映彩票机构持有的长期投资成本。

## 1501 固定资产

一、本科目核算彩票机构固定资产的原价。

固定资产是指彩票机构持有的使用期限超过1年（不含1年）、单位价值在规定标准以上，并在使用过程中基本保持原有物质形态的资产。单位价值虽未达到规定标准，但使用期限超过1年（不含1年）的大批同类物资，作为固定资产核算和管理。

二、彩票机构的固定资产一般分为六类：房屋及构筑物；专用设备；通用设备；文物和陈列品；图书、档案；家具、用具、装具及动植物。有关说明如下：

（一）固定资产的各组成部分具有不同的使用寿命、适用不同折旧率且可以分别确定各自原价的，应当分别将各组成部分确认为单项固定资产。

（二）对于应用软件，如果其构成相关硬件不可缺少的组成部分，应当将该软件价值包括在所属硬件价值中，一并作为固定资产进行核算；如果其不构成相关硬件不可缺少的组成部分，应当将该软件作为无形资产核算。

（三）彩票机构以经营租赁租入的固定资产，不作为固定资产核算，应当另设"经营租赁固定资产备查簿"进行登记。

（四）购入需要安装的固定资产，应当先通过"在建工程"科目核算，安装完毕交付使用时再转入本科目核算。

（五）购建的房屋及构筑物，不能够分清购建成本中的房屋及构筑物部分与土地使用权部分的，应当全部作为固定资产核算；能够分清购建成本中的房屋及构筑物部分与土地使用权部分的，应当将其中的房屋及构筑物部分作为固定资产核算，将其中的土地使用权部分作为无形资产核算。

三、彩票机构应当根据固定资产定义，结合本单位的具体情况，制定适合于本单位的固定资产目录、具体分类方法，作为进行固定资产核算的依据。

彩票机构应当设置"固定资产登记簿"和"固定资产卡片"，按照固定资产类别、项目和使用部门等进行明细核算。出租、出借的固定资产，应当设置备查簿进行登记。

四、固定资产的主要账务处理如下：

（一）固定资产在取得时，应当按照其实际成本入账。

1. 购入的固定资产，其成本包括购买价款、相关税费以及固定资产交付使用前所发生的可归属于该项资产的运输费、装卸费、安装调试费和专业人员服务费等。

以一笔款项购入多项没有单独标价的固定资产，按照各项固定资产同类或类似资产市场价格的比例对总成本进行分配，分别确定各项固定资产的成本。

购入不需安装的固定资产时，按照确定的固定资产成本，借记本科目，贷记"非流动资产基金——固定资产"科目；同时，按照实际支付金额，借记"事业支出"、"经营支出"等科目，贷记"银行存款"等科目。

购入需要安装的固定资产，先通过"在建工程"科目核算。安装完工交付使用时，借记本科目，贷记"非流动资产基金——固定资产"科目；同时，借记"非流动资产基金——在建工程"科目，贷记"在建工程"科目。

购入扣留质量保证金的固定资产，在取得固定资产时，按照确定的成本（包括质量保证金），借记本科目［不需安装］或"在建工程"科目［需要安装］，贷记"非流动资产基金——固定资产、在建工程"科目。同时，对于取得固定资产全款发票（包括质量保证金）的，应当按照构成资产成本的全部支出金额，借记"事业支出"、"经营支出"等科目，按照实际支付金额，贷记"银行存款"等科目，按照扣留的质量保证金，贷记"其他应付款"［扣留期在1年以内（含1年）］或"长期应付款"［扣留期超过1年］科口；对于取得的发票金额不包括质量保证金的，应当按照不包括质量保证金的支出金额，借记"事业支出"、"经营支出"等科目，贷记"银行存款"等科目。

质保期满支付质量保证金时，借记"其他应付款"、"长期应付款"科目，或借记"事业支出"、"经营支出"等科目，贷记"银行存款"等科目。

质保期满因固定资产质量有问题等原因未支付质量保证金的，应当相应调减固定资产的账面余额，并重新计算折旧额。

2.自行建造的固定资产，其成本包括建造该项资产至交付使用前所发生的全部必要支出。

工程完工交付使用时，按照自行建造过程中发生的实际支出，借记本科目，贷记"非流动资产基金——固定资产"科目；同时，借记"非流动资产基金——在建工程"科目，贷记"在建工程"科目。已交付使用但尚未办理竣工决算手续的固定资产，按照估计价值入账，待确定实际成本后再进行调整。

3. 在原有固定资产基础上进行改建、扩建、修缮后的固定资产，其成本按照原固定资产账面价值①（"固定资产"科目账面余额减去"累计折旧"科目账面余额后的净值）加上改建、扩建、修缮发生的支出，再扣除固定资产拆除部分的账面价值后的金额确定。

将固定资产转入改建、扩建、修缮时，按固定资产的账面价值，借记"在建工程"科目，贷记"非流动资产基金——在建工程"科目；同时，按固定资产对应的非流动资产基金，借记"非流动资产基金——固定资产"科目，按照固定资产已计提折旧，借记"累计折旧"科目，按固定资产的账面余额，贷记本科目。

工程完工交付使用时，借记本科目，贷记"非流动资产基金——固定资产"科目；同时，借记"非流动资产基金——在建工程"科目，贷记"在建工程"科目。

---

① 本制度所称账面价值，是指某会计科目的账面余额减去相关备抵科目（如"累计折旧"、"累计摊销"科目）账面余额后的净值。本制度所称账面余额，是指某会计科目的账面实际余额。

4. 以融资租赁租入的固定资产，其成本按照租赁协议或者合同确定的租赁价款、相关税费以及固定资产交付使用前所发生的可归属于该项资产的运输费、途中保险费、安装调试费等确定。

融资租入的固定资产，按照确定的成本，借记本科目［不需安装］或"在建工程"科目［需安装］，按照租赁协议或者合同确定的租赁价款，贷记"长期应付款"科目，按照其差额，贷记"非流动资产基金——固定资产、在建工程"科目；同时，按照实际支付的相关税费、运输费、途中保险费、安装调试费等，借记"事业支出"、"经营支出"等科目，贷记"银行存款"等科目。

定期支付租金时，按照支付的租金金额，借记"事业支出"、"经营支出"等科目，贷记"银行存款"等科目；同时，借记"长期应付款"科目，贷记"非流动资产基金——固定资产"科目。

跨年度分期付款购入固定资产的账务处理，参照融资租入固定资产的账务处理。

5. 接受捐赠、无偿调入的固定资产，其成本按照有关凭据注明的金额加上相关税费、运输费等确定；没有相关凭据的，其成本比照同类或类似固定资产的市场价格加上相关税费、运输费等确定；没有相关凭据、同类或类似固定资产的市场价格也无法可靠取得的,该固定资产以名义金额入账。

接受捐赠、无偿调入的固定资产,按照确定的固定资产成本,借记本科目［不需安装］或"在建工程"科目［需安装］,贷记"非流动资产基金——固定资产、在建工程"科目;按照发生的相关税费、运输费等,借记"其他支出"科目,贷记"银行存款"等科目。

(二)按月计提固定资产折旧时,按照实际计提金额,借记"非流动资产基金——固定资产"科目,贷记"累计折旧"科目。

(三)与固定资产有关的后续支出,应当分别以下情况处理:

1. 为增加固定资产使用效能或延长其使用年限而发生的改建、扩建或修缮等后续支出,应当计入固定资产成本,通过"在建工程"科目核算,完工交付使用时转入本科目。有关账务处理参见"在建工程"科目。

2. 为维护固定资产的正常使用而发生的日常修理等后续支出,应当计入当期支出但不计入固定资产成本,借记"事业支出"、"经营支出"等科目,贷记"银行存款"等科目。

（四）报经批准出售、无偿调出、对外捐赠固定资产或以固定资产对外投资，应当分别以下情况处理：

1. 出售、无偿调出、对外捐赠固定资产时，按照待处置固定资产的账面价值，借记"待处置资产损溢"科目，按照固定资产已计提折旧，借记"累计折旧"科目，按照固定资产的账面余额，贷记本科目。

实际出售、调出、捐出时，按照处置固定资产对应的非流动资产基金，借记"非流动资产基金——固定资产"科目，贷记"待处置资产损溢"科目。

出售固定资产过程中取得价款、发生相关税费，以及出售价款扣除相关税费后的净收入的账务处理，参见"待处置资产损溢"科目。

2. 以固定资产对外投资，按照评估价值加上相关税费作为投资成本，借记"长期投资"科目，贷记"非流动资产基金——长期投资"科目，按照发生的相关税费，借记"其他支出"科目，贷记"银行存款"、"应缴税费"等科目；同时，按照投出固定资产对应的非流动资产基金，借记"非流动资产基金——固定资产"科目，按照投出固定资产已计提折旧，借记"累计折旧"科目，按照投出固定资产的账面余额，贷记本科目。

五、彩票机构的固定资产应当定期进行清查盘点，至少每年盘点一次。对于发生的固定资产盘盈、盘亏或者毁损、报废，应当及时查明原因，按照规定报经批准后进行账务处理。

（一）盘盈的固定资产，按照同类或类似固定资产的市场价格确定入账价值；同类或类似固定资产的市场价格无法可靠取得的，以名义金额入账。

盘盈的固定资产，按照确定的入账价值，借记本科目，贷记"非流动资产基金——固定资产"科目。

（二）固定资产发生盘亏或者毁损、报废时，按照待处置固定资产的账面价值，借记"待处置资产损溢"科目，按照固定资产已计提折旧，借记"累计折旧"科目，按照固定资产的账面余额，贷记本科目。

报经批准予以处置时，按照处置固定资产对应的非流动资产基金，借记"非流动资产基金——固定资产"科目，贷记"待处置资产损溢"科目。

处置毁损、报废固定资产过程中所取得的收入、发生的相关费用，以及处置收入扣除相关费用后的净收入的账务处理，参见"待处置资产损溢"科目。

六、本科目期末借方余额，反映彩票机构固定资产的原价。

## 1502　累计折旧

一、本科目核算彩票机构固定资产计提的累计折旧。

二、本科目应当按照所对应固定资产的类别、项目等进行明细核算。

三、彩票机构应当对除下列各项资产以外的其他固定资产计提折旧：

（一）文物和陈列品；

（二）动植物；

（三）图书、档案；

（四）以名义金额计量的固定资产。

四、折旧是指在固定资产使用寿命内，按照确定的方法对应折旧金额进行系统分摊。有关说明如下：

（一）彩票机构应当根据固定资产的性质和实际使用情况，合理确定其折旧年限。省级以上财政部门、主管部门对彩票机构固定资产折旧年限作出规定的，从其规定。

（二）彩票机构一般应当采用年限平均法计提固定资产折旧。

（三）彩票机构固定资产的应折旧金额为其成本，计提固定资产折旧不考虑预计净残值。

（四）彩票机构一般应当按月计提固定资产折旧。当月增加的固定资产，当月不提折旧，从下月起计提折旧；当月减少的固定资产，当月照提折旧，从下月起不提折旧。

（五）固定资产提足折旧后，无论能否继续使用，均不再计提折旧；提前报废的固定资产，也不再补提折旧。已提足折旧的固定资产，可以继续使用的，应当继续使用，规范管理。

（六）计提融资租入固定资产折旧时，应当采用与自有固定资产相一致的折旧政策。能够合理确定租赁期届满时将会取得租入固定资产所有权的，应当在租入固定资产尚可使用年限内计提折旧；无法合理确定租赁期届满时能够取得租入固定资产所有权的，应当在租赁期与租入固定资产尚可使用年限两者中较短的期间内计提折旧。

（七）固定资产因改建、扩建或修缮等原因而延长其使用年限的，应当按照重新确定的固定资产的成本以及重新确定的折旧年限，重新计算折旧额。

五、累计折旧的主要账务处理如下：

（一）按月计提固定资产折旧时，按照应计提折旧金额，借记"非流动资产基金——固定资产"科目，贷记本科目。

（二）固定资产处置时，按照所处置固定资产的账面价值，借记"待处置资产损溢"科目，按照固定资产已计提折旧，借记本科目，按照固定资产的账面余额，贷记"固定资产"科目。

六、本科目期末贷方余额，反映彩票机构计提的固定资产折旧累计数。

# 1511　在建工程

一、本科目核算彩票机构已经发生必要支出，但尚未完工交付使用的各种建筑（包括新建、改建、扩建、修缮等）和设备安装工程的实际成本。

二、本科目应当按照工程性质和具体工程项目等进行明细核算。

三、彩票机构的基本建设投资应当按照国家有关规定单独建账、单独核算，同时按照本制度的规定至少按月并入本科目及其他相关科目反映。

彩票机构应当在本科目下设置"基建工程"明细科目，核算由基建账套并入的在建工程成本。有关基建并账的具体账务处理另行规定。

四、在建工程（非基本建设项目）的主要账务处理如下：

（一）建筑工程

1. 将固定资产转入改建、扩建或修缮等时，按照固定资产的账面价值，借记本科目，贷记"非流动资产基金——在建工程"科目；同时，按照固定资产对应的非流动资产基金，借记"非流动资产基金——固定资产"科目，按照固定资产已计提折旧，借记"累计折旧"科目，按照固定资产的账面余额，贷记"固定资产"科目。

2. 根据工程价款结算账单与施工企业结算工程价款时，借记本科目，贷记"非流动资产基金——在建工程"科目；同时，按照实际支付的工程价款，借记"事业支出"等科目，贷记"银行存款"等科目。

3. 彩票机构为建筑工程借入的专门借款的利息，属于建设期间发生的，计入在建工程成本，借记本科目，贷记"非流动资产基金——在建工程"科目；同时，借记"其他支出"科目，贷记"银行存款"科目。

4. 工程完工交付使用时，按照建筑工程所发生的实际成本，借记"固定资产"科目，贷记"非流动资产基金——固定资产"科目；同时，借记"非流动资产基金——在建工程"科目，贷记本科目。

（二）设备安装

1. 购入需要安装的设备时，按照确定的成本，借记本科目，贷记"非流动资产基金——在建工程"科目；同时，按照实际支付金额，借记"事业支出"、"经营支出"等科目，贷记"银行存款"等科目。

融资租入需要安装的设备，按照确定的成本，借记本科目，按照租赁协议或者合同确定的租赁价款，贷记"长期应付款"科目，按照其差额，贷记"非流动资产基金——在建工程"科目；同时，按照实际支付的相关税费、运输费、途中保险费等，借记"事业支出"、"经营支出"等科目，贷记"银行存款"等科目。

2. 发生安装费用时，按照确定的成本，借记本科目，贷记"非流动资产基金——在建工程"科目；同时，借记"事业支出"、"经营支出"等科目，贷记"银行存款"等科目。

3. 设备安装完工交付使用时，借记"固定资产"科目，贷记"非流动资产基金——固定资产"科目；同时，借记"非流动资产基金——在建工程"科目，贷记本科目。

五、本科目期末借方余额，反映彩票机构尚未完工的在建工程发生的实际成本。

## 1601 无形资产

一、本科目核算彩票机构无形资产的原价。

无形资产是指彩票机构持有的，没有实物形态的可辨认非货币性资产，包括专利权、商标权、著作权、土地使用权、非专利技术等。

彩票机构购入的不构成相关硬件不可缺少组成部分的应用软件，应当作为无形资产核算。

二、本科目应当按照无形资产的类别、项目等进行明细核算。

三、无形资产的主要账务处理如下：

（一）无形资产在取得时，应当按照其实际成本入账。

1. 外购的无形资产，其成本包括购买价款、相关税费以及可归属于该项资产达到预定用途所发生的其他支出。

购入无形资产时，按照确定的无形资产成本，借记本科目，贷记"非流动资产基金——无形资产"科目；同时，按照实际支付金额，借记"事业支出"等科目，贷记"银行存款"等科目。

2. 委托软件公司开发软件视同外购无形资产进行处理。

支付软件开发费时，按照实际支付金额，借记"事业支出"等科目，贷记"银行存款"等科目。

软件开发完成交付使用时，按照软件开发费总额，借记本科目,贷记"非流动资产基金——无形资产"科目。

3. 自行开发并按法律程序申请取得的无形资产,按照依法取得时发生的注册费、聘请律师费等费用,借记本科目,贷记"非流动资产基金——无形资产"科目;同时,借记"事业支出"等科目,贷记"银行存款"等科目。

依法取得前所发生的研究开发支出,应于发生时直接计入当期支出,借记"事业支出"等科目,贷记"银行存款"等科目。

4. 接受捐赠、无偿调入的无形资产,其成本按照有关凭据注明的金额加上相关税费等确定;没有相关凭据的,其成本比照同类或类似无形资产的市场价格加上相关税费等确定;没有相关凭据、同类或类似无形资产的市场价格也无法可靠取得的,该资产以名义金额入账。

接受捐赠、无偿调入的无形资产,按照确定的无形资产成本,借记本科目,贷记"非流动资产基金——无形资产"科目;同时,按照发生的相关税费等,借记"其他支出"科目,贷记"银行存款"等科目。

(二)按月计提无形资产摊销时,按照应计提摊销金额,借记"非流动资产基金——无形资产"科目,贷记"累计摊销"科目。

（三）与无形资产有关的后续支出，应当分别以下情况处理：

1. 为增加无形资产的使用效能而发生的后续支出，如对软件进行升级改造或扩展其功能等所发生的支出，应当计入无形资产的成本，借记本科目，贷记"非流动资产基金——无形资产"科目；同时，借记"事业支出"等科目，贷记"银行存款"等科目。

2. 为维护无形资产的正常使用而发生的后续支出，如对软件进行漏洞修补、技术维护等所发生的支出，应当计入当期支出但不计入无形资产成本，借记"事业支出"等科目，贷记"银行存款"等科目。

（四）报经批准转让、无偿调出、对外捐赠无形资产或以无形资产对外投资，应当分别以下情况处理：

1. 转让、无偿调出、对外捐赠无形资产时，按照待处置无形资产的账面价值，借记"待处置资产损溢"科目，按照无形资产已计提摊销，借记"累计摊销"科目，按照无形资产的账面余额，贷记本科目。

实际转让、调出、捐出时，按照处置无形资产对应的非流动资产基金，借记"非流动资产基金——无形资产"科目，贷记"待处置资产损溢"科目。

转让无形资产过程中取得价款、发生相关税费，以及出售价款扣除相关税费后的净收入的账务处理，参见"待处置资产损溢"科目。

2. 以已入账无形资产对外投资，按照评估价值加上相关税费作为投资成本，借记"长期投资"科目，贷记"非流动资产基金——长期投资"科目，按发生的相关税费，借记"其他支出"科目，贷记"银行存款"、"应缴税费"等科目；同时，按照投出无形资产对应的非流动资产基金，借记"非流动资产基金——无形资产"科目，按照无形资产已计提摊销，借记"累计摊销"科目，按照无形资产的账面余额，贷记本科目。

（五）无形资产预期不能为彩票机构带来财务潜力或经济利益的，应当按规定报经批准后将该无形资产的账面价值予以核销。

转入待处置资产时，按照待核销无形资产的账面价值，借记"待处置资产损溢"科目，按照无形资产已计提摊销，借记"累计摊销"科目，按照无形资产的账面余额，贷记本科目。

报经批准予以核销时，按照核销无形资产对应的非流动资产基金，借记"非流动资产基金——无形资产"科目，贷记"待处置资产损溢"科目。

四、本科目期末借方余额，反映彩票机构无形资产的原价。

## 1602 累计摊销

一、本科目核算彩票机构无形资产计提的累计摊销。

二、本科目应当按照对应无形资产的类别、项目等进行明细核算。

三、彩票机构应当对无形资产进行摊销,以名义金额计量的无形资产除外。

摊销是指在无形资产使用寿命内,按照确定的方法对应摊销金额进行系统分摊。有关说明如下:

(一)彩票机构应当按照如下原则确定无形资产的摊销年限:法律规定了有效年限的,按照法律规定的有效年限作为摊销年限;法律没有规定有效年限的,按照相关合同或单位申请书中的受益年限作为摊销年限;法律没有规定有效年限、相关合同或单位申请书也没有规定受益年限的,按照不少于10年的期限摊销。

对于取得的单位价值小于1000元的无形资产,可以于取得的当月,将其成本一次性全部转销。

(二)彩票机构应当采用年限平均法对无形资产进行摊销。

（三）彩票机构无形资产的应摊销金额为其成本。

（四）彩票机构应当自无形资产取得当月起，按月计提无形资产摊销。

（五）因发生后续支出而增加无形资产成本的，应当按照重新确定的无形资产成本，重新计算摊销额。

四、累计摊销的主要账务处理如下：

（一）按月计提无形资产摊销时，按照应计提摊销金额，借记"非流动资产基金——无形资产"科目，贷记本科目。

（二）无形资产处置时，按照所处置无形资产的账面价值，借记"待处置资产损溢"科目，按照无形资产已计提摊销，借记本科目，按照无形资产的账面余额，贷记"无形资产"科目。

五、本科目期末贷方余额，反映彩票机构计提的无形资产摊销累计数。

## 1701 待处置资产损溢

一、本科目核算彩票机构待处置资产的价值及处置损溢。

彩票机构资产处置包括资产的出售、出让、转让、对外捐赠、无偿调出、盘亏、报废、毁损以及货币性资产损失核销等。

二、本科目应当按照待处置资产项目进行明细核算；对于在处置过程中取得相关收入、发生相关费用的处置项目，还应设置"处置资产价值"、"处置净收入"明细科目，进行明细核算。

三、彩票机构处置资产一般应当先记入本科目，按规定报经批准后及时进行账务处理。年度终了结账前一般应处置完毕。

四、待处置资产损溢的主要账务处理如下：

（一）按规定报经批准予以核销的应收及预付款项、长期投资、无形资产。

1. 转入待处置资产时，借记本科目〔核销无形资产的，还应借记"累计摊销"科目〕，贷记"应收账款"、"预付账款"、"其他应收款"、"长期投资"、"无形资产"等科目。

2. 报经批准予以核销时，借记"其他支出"科目〔应收及预付款项核销〕或"非流动资产基金——长期投资、无形资产"科目〔长期投资、无形资产核销〕，贷记本科目。

（二）盘亏或者毁损、报废的库存材料、库存彩票、固定资产。

1. 转入待处置资产时，借记本科目（处置资产价值）〔处置固定资产的，还应借记"累计折旧"科目〕，贷记"库存材料"、"库存彩票"、"固定资产"等科目。

2. 报经批准予以处置时，借记"其他支出"科目〔处置库存材料〕、"库存彩票基金"科目〔处置库存彩票〕或"非流动资产基金——固定资产"科目〔处置固定资产〕，贷记本科目（处置资产价值）。

3. 处置毁损、报废库存材料、库存彩票、固定资产过程中收到残值变价收入、保险理赔和过失人赔偿等，借记"库存现金"、"银行存款"等科目，贷记本科目（处置净收入）。

4. 处置毁损、报废库存材料、库存彩票、固定资产过程中发生相关费用，借记本科目（处置净收入），贷记"库存现金"、"银行存款"等科目。

5. 处置完毕，按照处置收入扣除相关处置费用后的净收入，借记本科目（处置净收入），贷记"应缴国库款"等科目；如果处置收入小于相关处置费用的，按照相关处置费用超出处置收入的净损失，借记"其他支出"科目，贷记本科目（处置净收入）。

（三）对外捐赠、无偿调出库存材料、固定资产、无形资产

1. 转入待处置资产时，借记本科目〔捐赠、调出固定资产、无形资产的，还应借记"累计折旧"、"累计摊销"科目〕，贷记"库存材料"、"固定资产"、"无

形资产"等科目。

2. 实际捐出、调出时，借记"其他支出"科目〔捐出、调出库存材料〕或"非流动资产基金——固定资产、无形资产"科目〔捐出、调出固定资产、无形资产〕，贷记本科目。

（四）转让（出售）长期股权投资、固定资产、无形资产

1. 转入待处置资产时，借记本科目（处置资产价值）〔转让固定资产、无形资产的，还应借记"累计折旧"、"累计摊销"科目〕，贷记"长期投资"、"固定资产"、"无形资产"等科目。

2. 实际转让时，借记"非流动资产基金——长期投资、固定资产、无形资产"科目，贷记本科目（处置资产价值）。

3. 转让过程中取得价款、发生相关税费，以及转让价款扣除相关税费后的净收入的账务处理，按照国家有关规定，比照本科目"四（二）"有关毁损、报废库存材料、固定资产进行处理。

五、本科目期末如为借方余额，反映尚未处置完毕的各种资产价值及净损失；期末如为贷方余额，反映尚未处置完毕的各种资产净溢余。年度终了报经批准处置后，本科目一般应无余额。

## 二、负债类

### 2001　短期借款

一、本科目核算彩票机构借入的期限在1年内（含1年）的各种借款。

二、本科目应当按照贷款单位和贷款种类进行明细核算。

三、短期借款的主要账务处理如下：

（一）借入各种短期借款时，按照实际借入的金额，借记"银行存款"科目，贷记本科目。

（二）银行承兑汇票到期，本单位无力支付票款的，按照银行承兑汇票的票面金额，借记"应付票据"科目，贷记本科目。

（三）支付短期借款利息时，借记"其他支出"科目，贷记"银行存款"科目。

（四）归还短期借款本金时，借记本科目，贷记"银行存款"科目。

四、本科目期末贷方余额，反映彩票机构尚未偿还的短期借款本金。

# 2101　应缴税费

一、本科目核算彩票机构按照税法等规定计算应缴纳的各种税费，包括营业税、增值税、城市维护建设税、教育费附加、车船税、房产税、城镇土地使用税、企业所得税等。

彩票机构代扣代缴的个人所得税，也通过本科目核算。

彩票机构应缴纳的印花税不需要预提应缴税费，直接通过支出等有关科目核算，不在本科目核算。

二、本科目应当按照应缴纳的税费种类进行明细核算。属于增值税一般纳税人的彩票机构，其应缴增值税明细账中应设置"进项税额"、"已交税金"、"销项税额"、"进项税额转出"等专栏。

三、应缴税费的主要账务处理如下：

（一）发生营业税、城市维护建设税、教育费附加纳税义务的，按照税法规定计算的应缴税费金额，借记"待处置资产损溢——处置净收入"科目［出售不动产应缴的税费］或有关支出科目，贷记本科目。实际缴纳时，借记本科目，贷记"银行存款"科目。

（二）属于增值税一般纳税人的彩票机构购入非自用材料的，按照确定的成本（不含增值税进项税额），借记"库存材料"科目，按增值税专用发票上注明的增值税额，借记本科目（应缴增值税——进项税额），按照实际支付或应付的金额，贷记"银行存款"、"应付账款"等科目。

属于增值税一般纳税人的彩票机构所购进的非自用材料发生盘亏、毁损、报废、对外捐赠、无偿调出等税法规定不得从增值税销项税额中抵扣进项税额的，将所购进的非自用材料转入待处置资产时，按照材料的账面余额与相关增值税进项税额转出金额的合计金额，借记"待处置资产损溢"科目，按照材料的账面余额，贷记"库存材料"科目，按照转出的增值税进项税额，贷记本科目（应缴增值税——进项税额转出）。

属于增值税一般纳税人的彩票机构销售应税产品或提供应税服务时，按照包含增值税的价款总额，借记"银行存款"、"应收账款"、"应收票据"等科目，按照扣除增值税销项税额后的价款金额，贷记"经营收入"等科目，按照增值税专用发票上注明的增值税金额，贷记本科目（应缴增值税——销项税额）。

属于增值税一般纳税人的彩票机构实际缴纳增值税时，借记本科目（应缴增值税——已交税金），贷记"银行存款"科目。

属于增值税小规模纳税人的彩票机构销售应税产品或提供应税服务时，按照实际收到或应收的价款，借记"银行存款"、"应收账款"、"应收票据"等科目，按照实际收到或应收价款扣除增值税额后的金额，贷记"经营收入"等科目，按照应缴增值税金额，贷记本科目（应缴增值税）。实际缴纳增值税时，借记本科目（应缴增值税），贷记"银行存款"科目。

（三）发生车船税、房产税、城镇土地使用税纳税义务的，按照税法规定计算的应缴税金数额，借记有关科目，贷记本科目。实际缴纳时，借记本科目，贷记"银行存款"科目。

（四）代扣代缴个人所得税的，按照税法规定计算应代扣代缴的个人所得税金额，借记"应付职工薪酬"科目，贷记本科目。实际缴纳时，借记本科目，贷记"银行存款"科目。

（五）发生企业所得税纳税义务的，按照税法规定计算的应缴税金数额，借记"非财政专户核拨资金结余分配"科目，贷记本科目。实际缴纳时，借记本科目，贷记"银行存款"科目。

（六）发生其他纳税义务的，按照应缴纳的税费金额，借记有关科目，贷记本科目。实际缴纳时，借记本科目，贷记"银行存款"等科目。

四、本科目期末贷方余额，反映彩票机构应缴未缴的税费金额；本科目期末借方余额，反映彩票机构多缴纳的税费金额。

## 2102 应缴国库款

一、本科目核算彩票机构按照规定应缴入国库的款项（应缴税费除外），主要包括应缴彩票公益金和应缴国有资产处置净收入。

二、本科目应当按照应缴国库的款项类别进行明细核算。

三、应缴国库款的主要账务处理如下：

（一）应缴彩票公益金

1. 月末，彩票机构分配彩票销售资金时，按照彩票资金分配比例计算确定的应缴国库的彩票公益金金额，借记"彩票销售结算"科目，贷记本科目（应缴彩票公益金）。

2. 按照有关规定，将彩票逾期未兑奖的奖金纳入彩票公益金时，借记"应付返奖奖金"科目，贷记本科目（应缴彩票公益金）。

（二）应缴国有资产处置净收入

处置国有资产取得应上缴的处置净收入时，借记"待处置资产损溢"科目，贷记本科目（应缴国有资产处置净收入）。

（三）上缴款项时，借记本科目，贷记"银行存款"等科目。

四、本科目期末贷方余额，反映彩票机构应缴入国库但尚未缴纳的款项。

## 2103　应缴财政专户款

一、本科目核算彩票机构按照规定应缴入财政专户的款项。

二、本科目应当按照应缴财政专户的款项类别进行明细核算。

三、应缴财政专户款的主要账务处理如下：

（一）月末，彩票机构分配彩票销售资金时，按照彩票资金分配比例计算确定的应缴财政专户的款项金额，借记"彩票销售结算"科目，贷记本科目。

（二）上缴款项时，借记本科目，贷记"银行存款"等科目。

四、本科目期末贷方余额，反映彩票机构应缴入财政专户但尚未缴纳的款项。

## 2201　应付职工薪酬

一、本科目核算彩票机构按照有关规定应付给职工及为职工支付的各种薪酬。包括基本工资、绩效工资、国家统一规定的津贴补贴、社会保险费、住房公积金等。

二、本科目应当根据国家有关规定按照"工资（离退休费）"、"地方（部门）津贴补贴"、"其他个人收入"以及"社会保险费"、"住房公积金"等进行明细核算。

三、应付职工薪酬的主要账务处理如下：

（一）计算当期应付职工薪酬时，借记"事业支出"、"经营支出"等科目，贷记本科目。

（二）向职工支付工资、津贴补贴等薪酬时，借记本科目，贷记"银行存款"等科目。

（三）按照税法规定代扣代缴个人所得税时，借记本科目，贷记"应缴税费——应缴个人所得税"科目。

（四）按照国家有关规定缴纳职工社会保险费和住房公积金时，借记本科目，贷记"银行存款"等科目。

（五）从应付职工薪酬中支付其他款项，借记本科目，贷记"银行存款"等科目。

四、本科目期末贷方余额，反映彩票机构应付未付的职工薪酬。

## 2301 应付票据

一、本科目核算彩票机构因购买服务或商品等开出、承兑的商业汇票，包括银行承兑汇票和商业承兑汇票。

二、本科目应当按照债权单位进行明细核算。

三、应付票据的主要账务处理如下：

（一）开出、承兑商业汇票时，借记"库存材料"等科目，贷记本科目。

以承兑商业汇票抵付应付账款时，借记"应付账款"科目，贷记本科目。

（二）支付银行承兑汇票的手续费时，借记"事业支出"、"经营支出"等科目，贷记"银行存款"等科目。

（三）商业汇票到期时，应当分别以下情况处理：

1. 收到银行支付到期票据的付款通知，实际支付时，借记本科目，贷记"银行存款"科目。

2. 银行承兑汇票到期，本单位无力支付票款的，按照银行承兑汇票的票面金额，借记本科目，贷记"短期借款"科目。

3. 商业承兑汇票到期，本单位无力支付票款的，按照银行承兑汇票的票面金额，借记本科目，贷记

"应付账款"科目。

四、彩票机构应当设置"应付票据备查簿",详细登记每一应付票据的种类、号数、出票日期、到期日、票面金额、交易合同号、收款人姓名或单位名称,以及付款日期和金额等资料。应付票据到期结清票款后,应当在备查簿内逐笔注销。

五、本科目期末贷方余额,反映彩票机构开出、承兑的尚未到期的商业汇票票面金额。

## 2302 应付账款

一、本科目核算彩票机构因购买服务或商品、彩票机构之间因联网游戏奖金结算等产生的应付款项。

二、本科目应当按照债权单位(或个人)进行明细核算。

三、应付账款的主要账务处理如下:

(一)购入材料、物资等已验收入库但货款尚未支付的,按照应付未付金额,借记"库存材料"等科目,贷记本科目。

(二)彩票机构之间因联网游戏奖金结算产生的应付款项,按照实际发生的金额,借记"应付返奖奖金"科目,贷记本科目。

(三)偿还应付账款时,按照实际支付的金额,借记本科目,贷记"银行存款"等科目。

(四)开出、承兑商业汇票抵付应付账款,借记本科目,贷记"应付票据"科目。

(五)无法偿付或债权人豁免偿还的应付账款,借记本科目,贷记"其他收入"科目。

四、本科目期末贷方余额,反映彩票机构尚未支付的应付账款。

## 2303 预收账款

一、本科目核算彩票机构预收彩票销售款、按合同规定预收的款项等。

二、本科目应当按照债权单位(或个人)进行明细核算。

三、预收账款的主要账务处理如下:

(一)预收彩票销售款

1. 收到彩票代销者预存的销售款时,按照实际收到的金额,借记"银行存款"等科目,贷记本科目。

2. 实现彩票销售时,按照彩票销售结算金额,借记本科目,贷记"彩票销售结算"科目。

3. 实行内扣方式结算应付代销费的,结算彩票代销者代销费时,按照从彩票代销者缴交的彩票销售资金中直接抵扣的资金金额,借记"应付代销费"科目,贷记本科目。

（二）其他预收账款

1. 从付款方预收款项时，按照实际收到的金额，借记"银行存款"等科目，贷记本科目。

2. 确认有关收入时，按照从付款方预收的金额，借记本科目，按照应确认的收入金额，贷记"经营收入"等科目，按照付款方补付或退回付款方的金额，借记或贷记"银行存款"等科目。

（三）无法偿付或债权人豁免偿还的预收账款，借记本科目，贷记"其他收入"科目。

四、本科目期末贷方余额，反映彩票机构核算的彩票代销者预存销售款结余和按合同规定预收但尚未实际结算的款项。

## 2305 其他应付款

一、本科目核算彩票机构除应缴税费、应缴国库款、应缴财政专户款、应付职工薪酬、应付票据、应付账款、预收账款之外的其他各项偿还期限在1年内（含1年）的应付及暂收款项，如存入保证金、彩票投注设备押金等。

二、本科目应当按照其他应付款的类别以及债权单位（或个人）进行明细核算。

三、其他应付款的主要账务处理如下：

（一）发生其他各项应付及暂收款项时，借记"银行存款"等科目，贷记本科目。

（二）支付其他应付款项时，借记本科目，贷记"银行存款"等科目。

（三）无法偿付或债权人豁免偿还的其他应付款项，借记本科目，贷记"其他收入"科目。

四、本科目期末贷方余额，反映彩票机构尚未支付的其他应付款。

## 2401　应付返奖奖金

一、本科目核算彩票机构按照彩票游戏规则确定的比例从彩票销售额中提取，用于支付给中奖者的资金，包括当期返奖奖金、奖池和调节基金。

二、本科目应当按照彩票品种及游戏、一般调节基金设置明细科目。其中，彩票品种及游戏相关明细科目下应当按照当期返奖奖金、奖池、调节基金进行明细核算。

当期返奖奖金是指按照彩票游戏规则规定的比例在当期彩票奖金中提取并用于支付给中奖者的资金。

奖池是指彩票游戏提取奖金与实际中出奖金的累积资金差额。

调节基金是指按照彩票销售额的一定比例提取的资金、逾期未退票的票款和浮动奖取整后的余额。调节基金应当专项用于支付各种不可预见的奖金风险支出或开展派奖。

停止销售的彩票游戏兑奖期结束后，奖池资金和调节基金有结余的，转为一般调节基金，用于不可预见情况下的奖金风险支出或开展派奖。

三、应付返奖奖金的主要账务处理如下：

（一）当期返奖奖金

1. 提取当期返奖奖金时，按照彩票资金分配比例计算确定的当期返奖奖金金额，借记"彩票销售结算"科目，贷记本科目。

2. 销售机构、代销者兑奖时，按照实际兑付金额，借记本科目，贷记"银行存款"、"应缴税费"、"预收账款"等科目。

3. 逾期未兑付的弃奖奖金转入彩票公益金时，按照实际转出的金额，借记本科目，贷记"应缴国库款"科目。

4. 彩票机构之间因联网游戏奖金结算产生的应收款项，按照实际发生的金额，借记"应收账款"科目，贷记本科目；产生的应付款项，借记本科目，贷记"应付账款"科目。

(二) 奖池

1. 彩票游戏设置奖池的,兑付当期返奖奖金后,按照提取的当期返奖奖金与当期实际中出奖金的差额,借记或贷记本科目(××品种——当期返奖奖金),贷记或借记本科目(××品种——奖池)。

2. 使用奖池资金兑付中奖者奖金时,按照实际兑付金额,借记本科目,贷记"银行存款"等科目。

(三) 调节基金

1. 彩票游戏设置调节基金的,在提取调节基金时,按照彩票资金分配比例计算确定的调节基金金额,借记"彩票销售结算"科目,贷记本科目。

2. 彩票游戏设置奖池的,奖池资金达到一定额度后,按照彩票游戏规则中规定将超过部分转入该彩票游戏的调节基金时,按照实际转出的金额,借记本科目(××品种——奖池),贷记本科目(××品种——调节基金)。

3. 使用调节基金支付各种不可预见的奖金风险支出和开展派奖时,按照实际支出的金额,借记本科目,贷记"银行存款"等科目。

4. 使用调节基金弥补奖池资金时,按照实际弥补奖池资金的金额,借记本科目(××品种——调节基金),贷记本科目(××品种——奖池)。

（四）停止销售的彩票游戏兑奖期结束后，奖池资金和调节基金有结余的，转入一般调节基金时，按照实际转出的金额，借记本科目（××品种——奖池、调节基金），贷记本科目（一般调节基金）。

四、本科目期末贷方余额，反映彩票机构尚未支付的奖金和调节基金。

## 2402　应付代销费

一、本科目核算彩票机构按照彩票代销合同的约定比例从彩票销售额中提取，用于支付给彩票代销者的资金。

二、本科目应当按照彩票代销者和彩票结算方式进行明细核算。

三、应付代销费的主要账务处理如下：

（一）提取应付代销费时，按合同约定比例计算确定的金额，借记"彩票销售结算"科目，贷记本科目。

（二）实行内扣方式结算应付代销费的，结算彩票代销者代销费时，按照从彩票代销者缴交的彩票销售资金中直接抵扣的资金金额，借记本科目，贷记"预收账款"等科目。

（三）不实行内扣方式结算应付代销费的，支付彩票代销者代销费时，按照实际支付的代销费金额，借记本科目,贷记"银行存款"等科目。

四、本科目期末贷方余额,反映彩票机构尚未支付给彩票代销者的代销费。

## 2403　彩票销售结算

一、本科目核算彩票机构彩票销售资金的归集和分配情况。

二、本科目应当按照彩票品种及游戏、彩票发行销售方式进行明细核算。

三、彩票销售结算的主要账务处理如下:

(一)彩票机构实现彩票销售时,借记"预收账款"等科目,贷记本科目。

(二)月末彩票机构分配彩票销售资金时,借记本科目,贷记"应缴国库款"、"应缴财政专户款"、"应付返奖奖金"、"应付代销费"、"应付账款"等科目。

四、本科目期末一般无余额。

## 2501　长期借款

一、本科目核算彩票机构借入的期限超过1年(不含1年)的各种借款。

二、本科目应当按照贷款单位和贷款种类进行明细核算。

对于基建项目借款,还应按具体项目进行明细核算。

三、长期借款的主要账务处理如下:

(一)借入各项长期借款时,按照实际借入的金额,借记"银行存款"科目,贷记本科目。

(二)为购建固定资产支付的专门借款利息,分别以下情况处理:

1.属于工程项目建设期间支付的,计入工程成本,按照支付的利息金额,借记"在建工程"科目,贷记"非流动资产基金——在建工程"科目;同时,借记"其他支出"科目,贷记"银行存款"科目。

2.属于工程项目完工交付使用后支付的,计入当期支出但不计入工程成本,按照支付的利息金额,借记"其他支出"科目,贷记"银行存款"科目。

(三)其他长期借款利息,按照支付的利息金额,借记"其他支出"科目,贷记"银行存款"科目。

(四)归还长期借款本金时,借记本科目,贷记"银行存款"科目。

四、本科目期末贷方余额,反映彩票机构尚未偿还的长期借款本金。

## 2502　长期应付款

一、本科目核算彩票机构发生的偿还期限超过1年（不含1年）的应付款项，如以融资租赁租入固定资产的租赁费、跨年度分期付款购入固定资产的价款等。

二、本科目应当按照长期应付款的类别以及债权单位（或个人）进行明细核算。

三、长期应付款的主要账务处理如下：

（一）发生长期应付款时，借记"固定资产"、"在建工程"等科目，贷记本科目、"非流动资产基金"等科目。

（二）支付长期应付款时，借记"事业支出"、"经营支出"等科目，贷记"银行存款"等科目；同时，借记本科目，贷记"非流动资产基金"科目。

（三）无法偿付或债权人豁免偿还的长期应付款，借记本科目，贷记"其他收入"科目。

四、本科目期末贷方余额，反映彩票机构尚未支付的长期应付款。

## 三、净资产类

## 3001　事业基金

一、本科目核算彩票机构拥有的非限定用途的净资产，主要为非财政专户核拨资金结余分配后滚存的金额。

二、事业基金的主要账务处理如下：

（一）年末，应当对非财政专户核拨资金专项结转资金各项目情况进行分析，将已完成项目的留归本单位使用的剩余资金转入事业基金，按照项目剩余资金金额，借记"非财政专户核拨资金结转"科目，贷记本科目。

（二）年末，将"非财政专户核拨资金结余分配"科目余额转入事业基金，借记或贷记"非财政专户核拨资金结余分配"科目，贷记或借记本科目。

（三）以货币资金取得长期投资，按照实际支付的全部价款（包括购买价款以及税金、手续费等相关税费）作为投资成本，借记"长期投资"科目，贷记"银行存款"等科目；同时，按照投资成本金额，借记本科目，贷记"非流动资产基金——长期投资"科目。

（四）对外转让或到期收回长期债券投资本息，按照实际收到的金额，借记"银行存款"等科目，按照收回长期投资的成本，贷记"长期投资"科目，按照其差额，贷记或借记"其他收入——投资收益"科目；同时，按照收回长期投资对应的非流动资产基金，借记"非流动资产基金——长期投资"科目，贷记本科目。

三、彩票机构发生需要调整以前年度非财政专户核拨资金结余的事项，通过本科目核算。国家另有规定的，从其规定。

四、本科目期末贷方余额，反映彩票机构历年积存的非限定用途净资产的金额。

## 3005　库存彩票基金

一、本科目核算彩票发行机构购进的已验收入库的彩票占用的金额。

二、本科目应当按照彩票品种及游戏进行明细核算。

三、库存彩票基金的主要账务处理如下：

（一）购入的彩票验收入库时，按确定的成本，借记"库存彩票"科目，贷记本科目。

（二）发出库存彩票时，按照加权平均法或个别计价法确定发出彩票的实际成本，借记本科目，贷记"库存彩票"科目。

（三）发生彩票退回时，借记"库存彩票"科目，贷记本科目。

三、本科目期末贷方余额，反映彩票机构期末库存彩票占用的金额。

## 3101 非流动资产基金

一、本科目核算彩票机构长期投资、固定资产、在建工程、无形资产等非流动资产占用的金额。

二、本科目应当设置"长期投资"、"固定资产"、"在建工程"、"无形资产"等明细科目，进行明细核算。

三、非流动资产基金的主要账务处理如下：

（一）非流动资产基金应当在取得长期投资、固定资产、在建工程、无形资产等非流动资产或发生相关支出时予以确认。

取得相关资产或发生相关支出时，借记"长期投资"、"固定资产"、"在建工程"、"无形资产"等科目，贷记本科目等有关科目；同时或待以后发生相关支出时，借记"事业支出"等有关科目，贷记"银行存款"等科目。

（二）计提固定资产折旧、无形资产摊销时，应当冲减非流动资产基金。

计提固定资产折旧、无形资产摊销时，按照计提的折旧、摊销金额，借记本科目（固定资产、无形资产），贷记"累计折旧"、"累计摊销"科目。

（三）处置长期投资、固定资产、无形资产，以及以固定资产、无形资产对外投资时，应当冲销该资产对应的非流动资产基金。

1. 以固定资产、无形资产对外投资，按照评估价值加上相关税费作为投资成本，借记"长期投资"科目，贷记本科目（长期投资），按照发生的相关税费，借记"其他支出"科目，贷记"银行存款"等科目；同时，按照投出固定资产、无形资产对应的非流动资产基金，借记本科目（固定资产、无形资产），按照投出资产已计提折旧、摊销，借记"累计折旧"、"累计摊销"科目，按照投出资产的账面余额，贷记"固定资产"、"无形资产"科目。

2. 转让（出售）长期投资、固定资产、无形资产，转入待处置资产时，借记"待处置资产损溢"、"累计折旧"［处置固定资产］或"累计摊销"［处置无形资产］科目，贷记"长期投资"、"固定资产"、"无形资产"等科目。

实际转让时，借记本科目（有关资产明细科目），贷记"待处置资产损溢"科目。

四、本科目期末贷方余额，反映彩票机构非流动资产占用的金额。

# 3201 专用基金

一、本科目核算彩票机构按规定提取或者设置的具有专门用途的净资产，主要包括职工福利基金、彩票兑奖周转金、彩票发行销售风险基金、其他专用基金等。

二、本科目应当按照专用基金的类别进行明细核算。

三、专用基金的主要账务处理如下：

（一）提取职工福利基金

按照有关规定计提职工福利费的，按照计提金额，借记有关支出科目，贷记本科目（职工福利基金）。

年末，按规定从本年度非财政专户核拨资金结余中提取职工福利基金的，按照提取金额，借记"非财政专户核拨资金结余分配"科目，贷记本科目（职工福利基金）。

（二）取得彩票兑奖周转金

取得拨付的彩票兑奖周转金时，按照实际取得的金额，借记"银行存款"等科目，贷记"事业收入"科目；同时，借记"事业支出"科目，贷记本科目。

（三）取得彩票发行销售风险基金

取得拨付的彩票发行销售风险基金时，按照实际取得的金额，借记"银行存款"等科目，贷记"事业收入"科目；同时，借记"事业支出"科目，贷记本科目。

（四）提取、设置其他专用基金

根据规定提取的其他专用基金，按照实际提取的金额，借记有关支出科目或"非财政专户核拨资金结余分配"等科目，贷记本科目。

根据规定设置的其他专用基金，按照实际收到的金额，借记"银行存款"等科目，贷记本科目。

（五）使用专用基金

按规定使用专用基金时，借记本科目，贷记"银行存款"等科目；使用专用基金形成固定资产的，还应借记"固定资产"科目，贷记"非流动资产基金——固定资产"科目。

四、本科目期末贷方余额，反映彩票机构专用基金余额。

## 3301  财政专户核拨资金结转

一、本科目核算彩票机构滚存的财政专户核拨资金结转资金，包括基本支出结转和项目支出结转。

二、本科目应当设置"基本支出结转"、"项目支出结转"两个明细科目,并在"基本支出结转"明细科目下按照"人员经费"、"日常公用经费"进行明细核算,在"项目支出结转"明细科目下按照具体项目进行明细核算;本科目还应按照《政府收支分类科目》中"支出功能分类科目"的相关科目及《彩票机构财务管理办法》规定的相关支出科目进行明细核算。

三、财政专户核拨资金结转的主要账务处理如下:

(一)期末,将事业收入本期发生额结转至本科目,借记"事业收入——基本支出、项目支出"科目,贷记本科目(基本支出结转、项目支出结转);将事业支出(财政专户核拨资金支出)本期发生额结转至本科目,借记本科目(基本支出结转、项目支出结转),贷记"事业支出——财政专户核拨资金支出(基本支出、项目支出)"或"事业支出——基本支出(财政专户核拨资金支出)、项目支出(财政专户核拨资金支出)"科目。

(二)年末,完成上述(一)结转后,应当对各明细项目执行情况进行分析,按照有关规定将符合财政专户核拨资金结余性质的项目余额转入财政专户核拨资金结余,借记或贷记本科目(项目支出结转——××项目),贷记或借记"财政专户核拨资金结余"科目。

（三）按规定上缴财政专户核拨资金结转资金或注销财政专户核拨资金结转额度的，按照实际上缴金额或注销的额度数额，借记本科目，贷记"银行存款"等科目。取得主管部门归集调入财政专户核拨资金结转资金或额度的，做相反会计分录。

四、彩票机构发生需要调整以前年度财政专户核拨资金结转的事项，通过本科目核算。

五、本科目期末贷方余额，反映彩票机构财政专户核拨资金结转资金金额。

## 3302　财政专户核拨资金结余

一、本科目核算彩票机构滚存的财政专户核拨资金项目支出结余资金。

二、本科目应当按照《政府收支分类科目》中"支出功能分类科目"的相关科目及《彩票机构财务管理办法》规定的相关支出科目进行明细核算。

三、财政专户核拨资金结余的主要账务处理如下：

（一）年末，对各明细项目执行情况进行分析，按照有关规定将符合财政专户核拨资金结余性质的项目余额结转至"财政专户核拨资金结余"科目，借记或贷记"财政专户核拨资金结转——项目支出结转（××项目）"科目，贷记或借记本科目。

（二）按规定上缴财政专户核拨资金结余资金或注销财政专户核拨资金结余额度的，按照实际上缴金额或注销的额度数额，借记本科目，贷记"银行存款"等科目。取得主管部门归集调入财政专户核拨资金结余资金或额度的，做相反会计分录。

四、彩票机构发生需要调整以前年度财政专户核拨资金结余的事项，通过本科目核算。

五、本科目期末贷方余额，反映彩票机构财政专户核拨资金结余资金金额。

## 3401　非财政专户核拨资金结转

一、本科目核算彩票机构除事业收支以外的各专项资金收入与其相关支出相抵后剩余滚存的、须按规定用途使用的结转资金。

二、本科目应当按照非财政专项资金的具体项目进行明细核算。

三、非财政专户核拨资金结转的主要账务处理如下：

（一）期末，将上级补助收入、附属单位上缴收入、其他收入本期发生额中的专项资金收入结转至本科目，借记"上级补助收入"、"附属单位上缴收入"、"其他收入"科目下各专项资金收入明细科目，贷记本科目；将事业支出、对附属单位补助支出、其他支出本期发生额中的专项资金支出结转至本科目，借记本科目，贷记"事业支出——非财政专户核拨专项支出"或"事业支出——项目支出（非财政专户核拨资金支出）"、"对附属单位补助支出"和"其他支出"科目下各专项资金支出明细科目。

（二）年末，完成上述（一）结转后，应当对非财政专户核拨资金专项结转资金各项目情况进行分析，将已完成项目的项目剩余资金区分以下情况处理：缴回原专项资金拨入单位的，借记本科目（××项目），贷记"银行存款"等科目；留归本单位使用的，借记本科目（××项目），贷记"事业基金"科目。

四、彩票机构发生需要调整以前年度非财政专户核拨资金结转的事项，通过本科目核算。

五、本科目期末贷方余额，反映彩票机构非财政专户核拨资金专项结转资金金额。

## 3402 待分配事业结余

一、本科目核算彩票机构一定期间除财政专户核拨资金收支（事业收支）、非财政专户核拨资金专项收支和经营收支以外的其他各项收支相抵后的余额。

二、待分配事业结余的主要账务处理如下：

（一）期末，将上级补助收入、附属单位上缴收入、其他收入本期发生额中的非专项资金收入结转至本科目，借记"上级补助收入"、"附属单位上缴入"、"其他收入"科目下各非专项资金收入明细科目，贷记本科目；将事业支出、对附属单位补助支出、其他支出本期发生额中的其他资金支出结转至本科目，借记本科目，贷记"事业支出——其他资金支出"或"事业支出——基本支出（其他资金支出）、项目支出（其他资金支出）"、"对附属单位补助支出"科目、"其他支出"科目下各非专项资金支出明细科目。

（二）年末，完成上述（一）结转后，将本科目余额结转至"非财政专户核拨资金结余分配"科目，借记或贷记本科目，贷记或借记"非财政专户核拨资金结余分配"科目。

三、本科目期末如为贷方余额，反映彩票机构自年初至报告期末累计实现的待分配事业结余；如为借方余额，反映彩票机构自年初至报告期末累计发生的事业亏损。年末结账后，本科目应无余额。

## 3403 经营结余

一、本科目核算彩票机构一定期间各项经营收支相抵后余额弥补以前年度经营亏损后的余额。

二、经营结余的主要账务处理如下：

（一）期末，将经营收入本期发生额结转至本科目，借记"经营收入"科目，贷记本科目；将经营支出本期发生额结转至本科目，借记本科目，贷记"经营支出"科目。

（二）年末，完成上述（一）结转后，如本科目为贷方余额，将本科目余额结转至"非财政专户核拨资金结余分配"科目，借记本科目，贷记"非财政专户核拨资金结余分配"科目；如本科目为借方余额，为经营亏损，不予结转。

三、本科目期末如为贷方余额，反映彩票机构自年初至报告期末累计实现的经营结余弥补以前年度经营亏损后的经营结余；如为借方余额，反映彩票机构截至报告期末累计发生的经营亏损。

年末结账后，本科目一般无余额；如为借方余额，反映彩票机构累计发生的经营亏损。

## 3404 非财政专户核拨资金结余分配

一、本科目核算彩票机构本年度非财政专户核拨资金结余分配的情况和结果。

二、非财政专户核拨资金结余分配的主要账务处理如下：

(一)年末,将"待分配事业结余"科目的相关余额结转至本科目,借记或贷记"待分配事业结余"科目,贷记或借记本科目;将"经营结余"科目贷方余额结转至本科目,借记"经营结余"科目,贷记本科目。

(二)有企业所得税缴纳义务的彩票机构计算出应缴纳的企业所得税,借记本科目,贷记"应缴税费——应缴企业所得税"科目;

(三)按照有关规定提取职工福利基金的,按照提取的金额,借记本科目,贷记"专用基金——职工福利基金"科目。

(四)年末,按照规定完成上述(一)至(三)处理后,将本科目余额结转至"事业基金"科目,借记或贷记本科目,贷记或借记"事业基金"科目。

三、年末结账后,本科目应无余额。

# 四、收入类

## 4101 事业收入

一、本科目核算财政部门核拨给彩票机构用于开展彩票发行销售业务活动及其辅助活动的业务收入。

二、本科目应当设置"基本支出"和"项目支出"

两个明细科目;两个明细科目下按照《政府收支分类科目》中"支出功能分类"的相关科目进行明细核算;同时在"基本支出"明细科目下按照"人员经费"和"日常公用经费"进行明细核算,在"项目支出"明细科目下按照具体项目进行明细核算。

三、事业收入的主要账务处理如下:

(一)收到从财政专户核拨的事业收入时,按照实际收到的核拨金额,借记"银行存款"等科目,贷记本科目。

(二)期末,将本科目本期发生额中的专项资金收入结转至"财政专户核拨资金结转"科目,借记本科目下各专项资金收入明细科目,贷记"财政专户核拨资金结转"科目;将本科目本期发生额中的非专项资金收入结转至"财政专户核拨资金结余"科目,借记本科目下各非专项资金收入明细科目,贷记"财政专户核拨资金结余"科目。

四、期末结账后,本科目应无余额。

## 4201 上级补助收入

一、本科目核算彩票机构从主管部门取得的非财政专户核拨资金收入。

二、本科目应当按照发放补助单位、补助项目等进行明细核算。上级补助收入中如有专项资金收入，还应按具体项目进行明细核算。

三、上级补助收入的主要账务处理如下：

（一）收到上级补助收入时，按照实际收到的金额，借记"银行存款"等科目，贷记本科目。

（二）期末，将本科目本期发生额中的专项资金收入结转至"非财政专户核拨资金结转"科目，借记本科目下各专项资金收入明细科目，贷记"非财政专户核拨资金结转"科目；将本科目本期发生额中的非专项资金收入结转至"待分配事业结余"科目，借记本科目下各非专项资金收入明细科目，贷记"待分配事业结余"科目。

四、期末结账后，本科目应无余额。

## 4301　附属单位上缴收入

一、本科目核算彩票机构附属独立核算单位按照有关规定上缴的收入。

二、本科目应当按照附属单位、缴款项目等进行明细核算。附属单位上缴收入中如有专项资金收入，还应按具体项目进行明细核算。

三、附属单位上缴收入的主要账务处理如下：

（一）收到附属单位缴来款项时，按照实际收到的金额，借记"银行存款"等科目，贷记本科目。

（二）期末，将本科目本期发生额中的专项资金收入结转至"非财政专户核拨资金结转"科目，借记本科目下各专项资金收入明细科目，贷记"非财政专户核拨资金结转"科目；将本科目本期发生额中的非专项资金收入结转至"待分配事业结余"科目，借记本科目下各非专项资金收入明细科目，贷记"待分配事业结余"科目。

四、期末结账后，本科目应无余额。

## 4401　经营收入

一、本科目核算彩票机构在彩票发行销售业务活动及其辅助活动之外开展非独立核算经营活动取得的收入。

二、本科目应当按照经营活动类别、项目等进行明细核算。

三、经营收入的主要账务处理如下：

（一）经营收入应当在提供服务或发出库存材料，同时收讫价款或者取得索取价款的凭据时，按照实际收到或应收的金额确认收入。

实现经营收入时，按照确定的收入金额，借记"银行存款"、"应收账款"、"应收票据"等科目，贷记本科目。

属于增值税小规模纳税人的彩票机构实现经营收入时，按照实际出售价款，借记"银行存款"、"应收账款"、"应收票据"等科目，按照出售价款扣除增值税额后的金额，贷记本科目，按照应缴增值税金额，贷记"应缴税费——应缴增值税"科目。

属于增值税一般纳税人的彩票机构实现经营收入时，按照包含增值税的价款总额，借记"银行存款"、"应收账款"、"应收票据"等科目，按照扣除增值税销项税额后的价款金额，贷记本科目，按照增值税专用发票上注明的增值税金额，贷记"应缴税费——应缴增值税（销项税额）"科目。

（二）期末，将本科目本期发生额转入经营结余，借记本科目，贷记"经营结余"科目。

四、期末结账后，本科目应无余额。

## 4501 其他收入

一、本科目核算彩票机构除事业收入、上级补助收入、附属单位上缴收入、经营收入以外的各项收入，包括投资收益、银行存款利息收入、代征税收返还手续费收入、租金收入、捐赠收入、现金盘盈收入、库存材料盘盈收入、收回已核销应收及预付款项、无法偿付的应付及预收款项等。

二、本科目应当按照其他收入的类别等进行明细核算。其他收入中如有专项资金收入（如限定用途的捐赠收入），还应按照具体项目进行明细核算。

三、其他收入的主要账务处理如下：

（一）投资收益

1. 对外投资持有期间收到利息、利润等时，按照实际收到的金额，借记"银行存款"等科目，贷记本科目（投资收益）。

2. 出售或到期收回国债本息，按照实际收到的金额，借记"银行存款"科目，按照出售或收回国债的成本，贷记"短期投资"、"长期投资"科目，按照其差额，贷记或借记本科目（投资收益）。

（二）银行存款利息收入

收到银行存款利息，按照实际收到的金额，借记"银行存款"等科目，贷记本科目。

（三）代征税收返还手续费收入

收到税务局返还的代征税收返还手续费时，借记"银行存款"科目，贷记本科目。

（四）捐赠收入

1. 接受捐赠现金资产，按照实际收到的金额，借记"银行存款"等科目，贷记本科目。

2.接受捐赠的库存材料验收入库,按照确定的成本,借记"库存材料"科目,按照发生的相关税费、运输费等,贷记"银行存款"等科目,按照其差额,贷记本科目。

接受捐赠固定资产、无形资产等非流动资产,不通过本科目核算。

(五)现金盘盈收入

每日现金账款核对中如发现现金溢余,属于无法查明原因的部分,借记"库存现金"科目,贷记本科目。

(六)库存材料盘盈收入

盘盈的库存材料,按照确定的入账价值,借记"库存材料"科目,贷记本科目。

(七)收回已核销应收及预付款项

已核销应收账款、预付账款、其他应收款在以后期间收回的,按照实际收回的金额,借记"银行存款"等科目,贷记本科目。

(八)无法偿付的应付及预收款项

无法偿付或债权人豁免偿还的应付账款、预收账款、其他应付款及长期应付款,借记"应付账款"、"预收账款"、"其他应付款"、"长期应付款"等科目,贷记本科目。

(九)期末,将本科目本期发生额中的专项资金收入结转至"非财政专户核拨资金结转"科目,借记本科目下各专项资金收入明细科目,贷记"非财政专户核拨资金结转"科目;将本科目本期发生额中的非专项资金收入结转至"待分配事业结余"科目,借记本科目下各非专项资金收入明细科目,贷记"待分配事业结余"科目。

四、期末结账后,本科目应无余额。

## 五、支出类

### 5001 事业支出

一、本科目核算彩票机构开展彩票发行销售业务活动及其辅助活动发生的基本支出和项目支出。

二、本科目应当按照"基本支出"和"项目支出","财政专户核拨资金支出"、"非财政专户核拨专项支出"和"其他资金支出"等层级进行明细核算,并按照《政府收支分类科目》中"支出功能分类"相关科目进行明细核算;"基本支出"和"项目支出"明细科目下应当按照《政府收支分类科目》中"支出经济分类"的款级科目进行明细核算;同时在"项目支出"明细科目下按照具体项目进行明细核算。

三、事业支出的主要账务处理如下:

（一）为彩票机构职工计提的薪酬等，借记本科目，贷记"应付职工薪酬"等科目。

（二）开展彩票发行销售业务活动及其辅助活动领用的库存材料等，按照领用库存材料的实际成本，借记本科目，贷记"库存材料"等科目。

（三）开展彩票发行销售业务活动及其辅助活动发生的其他各项支出，借记本科目，贷记"库存现金"、"银行存款"等科目。

（四）期末，将本科目（财政专户核拨资金支出）本期发生额结转至"财政专户核拨资金结转"科目，借记"财政专户核拨资金结转——基本支出结转、项目支出结转"科目，贷记本科目（财政专户核拨资金支出——基本支出、项目支出）或本科目（基本支出——财政专户核拨资金支出、项目支出——财政专户核拨资金支出）；将本科目（非财政专户核拨专项支出）本期发生额结转至"非财政专户核拨资金结转"科目，借记"非财政专户核拨资金结转"科目，贷记本科目（非财政专户核拨专项支出）或本科目（项目支出——非财政专户核拨专项支出）；将本科目（其他资金支出）本期发生额结转至"待分配事业结余"科目，借记"待分配事业结余"科目，贷记本科目（其他资金支出）或本科目（基本支出——其他资金支出、项目支出——其他资金支出)。

四、期末结账后,本科目应无余额。

## 5201　对附属单位补助支出

一、本科目核算彩票机构用财政专户核拨资金之外的收入对附属单位补助发生的支出。

二、本科目应当按照接受补助单位、补助项目等进行明细核算。

三、对附属单位补助支出的主要账务处理如下:

(一)发生对附属单位补助支出的,按照实际支出的金额,借记本科目,贷记"银行存款"等科目。

(二)期末,将本科目本期发生额中的专项资金支出结转至"非财政专户核拨资金结转"科目,借记"非财政专户核拨资金结转"科目,贷记本科目;将本科目其他资金支出结转至"待分配事业结余"科目,借记"待分配事业结余"科目,贷记本科目。

四、期末结账后,本科目应无余额。

## 5301　经营支出

一、本科目核算彩票机构在彩票发行销售业务活动及其辅助活动之外开展非独立核算经营活动发生的支出。

二、彩票机构开展非独立核算经营活动的，应当正确归集开展经营活动发生的各项费用数；无法直接归集的，应当按照规定的标准或比例合理分摊。

彩票机构的经营支出与经营收入应当配比。

三、本科目应当按照经营活动类别、项目等进行明细核算。

四、经营支出的主要账务处理如下：

（一）为在彩票发行销售业务活动及其辅助活动之外开展非独立核算经营活动人员计提的薪酬等，借记本科目，贷记"应付职工薪酬"等科目。

（二）在彩票发行销售业务活动及其辅助活动之外开展非独立核算经营活动领用、发出的库存材料等，按照领用、发出库存材料的实际成本，借记本科目，贷记"库存材料"等科目。

（三）在彩票发行销售业务活动及其辅助活动之外开展非独立核算经营活动发生的其他各项支出，借记本科目，贷记"库存现金"、"银行存款"、"应缴税费"等科目。

（四）期末，将本科目本期发生额结转至"经营结余"科目，借记"经营结余"科目，贷记本科目。

四、期末结账后，本科目应无余额。

## 5401 其他支出

一、本科目核算彩票机构除事业支出、对附属单位补助支出、经营支出以外的各项支出，包括利息支出、代征税收返还手续费支出、捐赠支出、现金盘亏损失、资产处置损失、接受捐赠（调入）非流动资产发生的税费支出等。

二、本科目应当按照其他支出的类别等进行明细核算。其他支出中如有专项资金支出，还应按具体项目进行明细核算。

三、其他支出的主要账务处理如下：

（一）利息支出

支付银行借款利息时，借记本科目，贷记"银行存款"科目。

（二）代征税收返还手续费支出

支付代征税收返还手续费支出时，借记本科目，贷记"银行存款"科目。

（三）捐赠支出

1. 实际对外捐赠现金资产时，借记本科目，贷记"银行存款"等科目。

2. 实际对外捐出库存材料时，借记本科目，贷记"待处置资产损溢"科目。

对外捐赠固定资产、无形资产等非流动资产，不通过本科目核算。

（四）现金盘亏损失

每日现金账款核对中如发现现金短缺，属于无法查明原因的部分，报经批准后，借记本科目，贷记"库存现金"科目。

（五）资产处置损失

报经批准核销应收及预付款项、处置库存材料、库存彩票时，借记本科目，贷记"待处置资产损溢"科目。

（六）接受捐赠（调入）非流动资产发生的税费支出

接受捐赠、无偿调入非流动资产发生的相关税费、运输费等，借记本科目，贷记"银行存款"等科目。以固定资产、无形资产取得长期股权投资，所发生的相关税费计入本科目。具体账务处理参见"长期投资"科目。

（七）期末，将本科目本期发生额中的专项资金支出结转至"非财政专户核拨资金结转"科目，借记"非财政专户核拨资金结转"科目，贷记本科目下各专项资金支出明细科目；将本科目本期发生额中非专项资金支出结转至"待分配事业结余"科目，借记"待分配事业结余"科目,贷记本科目下各非专项资金支出明细科目。

四、期末结账后,本科目应无余额。

# 第四部分
# 会计报表格式

| 编　号 | 财务报表名称 | 编制期 |
| --- | --- | --- |
| 会彩 01 表 | 资产负债表 | 月度、年度 |
| 会彩 01 表附表 01 | 返奖奖金变动明细表 | 年度 |
| 会彩 01 表附表 02 | 彩票资金分配明细表 | 年度 |
| 会彩 02 表 | 收入支出表 | 月度、年度 |
| 会彩 03 表 | 财政专户核拨资金收入支出表 | 年度 |
|  | 附注 | 年度 |

彩票机构会计制度

# 资产负债表

会彩01表

编制单位： _____年___月___日 单位：元

| 资　　产 | 期末余额 | 年初余额 | 负债和净资产 | 期末余额 | 年初余额 |
|---|---|---|---|---|---|
| 流动资产： | | | 流动负债： | | |
| 　货币资金 | | | 　短期借款 | | |
| 　短期投资 | | | 　应缴税费 | | |
| 　应收票据 | | | 　应缴国库款 | | |
| 　应收账款 | | | 　应缴财政专户款 | | |
| 　预付账款 | | | 　应付职工薪酬 | | |
| 　其他应收款 | | | 　应付票据 | | |
| 　库存材料 | | | 　应付账款 | | |
| 　库存彩票 | | | 　预收账款 | | |
| 　其他流动资产 | | | 　其他应付款 | | |
| 　　流动资产合计 | | | 　应付返奖奖金 | | |
| 非流动资产： | | | 　应付代销费 | | |
| 　长期投资 | | | 　其他流动负债 | | |
| 　固定资产 | | | 　　流动负债合计 | | |
| 　　固定资产原价 | | | 非流动负债： | | |
| 　　减：累计折旧 | | | 　长期借款 | | |
| 　在建工程 | | | 　长期应付款 | | |
| 　无形资产 | | | 　　非流动负债合计 | | |
| 　　无形资产原价 | | | 　　负债合计 | | |
| 　　减：累计摊销 | | | 净资产： | | |
| 　待处置资产损溢 | | | 　事业基金 | | |
| 　　非流动资产合计 | | | 　库存彩票基金 | | |
| | | | 　非流动资产基金 | | |
| | | | 　专用基金 | | |
| | | | 　财政专户核拨资金结转 | | |
| | | | 　财政专户核拨资金结余 | | |
| | | | 　非财政专户核拨资金结转 | | |
| | | | 　非财政专户核拨资金结余 | | |
| | | | 　1.待分配事业结余 | | |
| | | | 　2.经营结余 | | |
| | | | 　　净资产合计 | | |
| 　　资产总计 | | | 　负债和净资产总计 | | |

# 第四部分 会计报表格式

## 返奖奖金变动明细表

会彩01表附表01

_____年度　　　　　　　　　　　　　　　　　　单位：元

| 项　目 | 行次 | 传统型 | 即开型 | 数字型 | 乐透型 | 竞猜型 | 视频型 | 基诺型 | 一般调节基金 | 合计 |
|---|---|---|---|---|---|---|---|---|---|---|
| 一、年初余额 | 1 | | | | | | | | | |
| 其中：调节基金 | 2 | | | | | | | | | |
| 　　　奖池 | 3 | | | | | | | | | |
| 二、本年增加数 | 4 | | | | | | | | | |
| 其中：调节基金 | 5 | | | | | | | | | |
| 　　　奖池 | 6 | | | | | | | | | |
| 三、本年减少数 | 7 | | | | | | | | | |
| 其中：调节基金 | 8 | | | | | | | | | |
| 　　　奖池 | 9 | | | | | | | | | |
| 四、年末余额 | 10 | | | | | | | | | |
| 其中：调节基金 | 11 | | | | | | | | | |
| 　　　奖池 | 12 | | | | | | | | | |

彩票机构会计制度

## 彩票资金分配明细表

会彩01表附表02

填报单位：　　　　　　　　　年度　　　　　　　　　单位：元

| 序号 | 彩票品种 | 彩票销售额 | 彩票返奖奖金 ||||| 彩票公益金 |||| 彩票业务费 |||| 彩票代销费 |
||||计提比例(%)| 计提金额 |||中奖金额|计提比例(%)|计提金额|弃奖奖金转入额|实际上缴额|发行机构|省级销售机构|省级以下|小计||
|||||奖金|调节基金|小计|||||||||||
|||①|||②||③|||||||④|⑤|
| 1 | 传统型 | | | | | | | | | | | | | | | |
| 2 | 即开型 | | | | | | | | | | | | | | | |
| 3 | 乐透型 | | | | | | | | | | | | | | | |
| 4 | 数字型 | | | | | | | | | | | | | | | |
| 5 | 竞猜型 | | | | | | | | | | | | | | | |
| 6 | 视频型 | | | | | | | | | | | | | | | |
| 7 | 基诺型 | | | | | | | | | | | | | | | |
| 8 | 其他 | | | | | | | | | | | | | | | |
| 9 | 合计 | | | | | | | | | | | | | | | |

说明：

1. 本表中"彩票销售额"①＝"彩票返奖奖金——计提金额——小计"②＋"彩票公益金——计提金额"③＋"彩票业务费——小计"④＋"彩票代销费"⑤；

2. 各彩票品种返奖奖金和公益金提取比例不同的应分栏填写。

# 第四部分 会计报表格式

## 收入支出表

会彩 02 表

编制单位：　　　　　　　　　　年　　月　　　　　　　单位：元

| 项　目 | 本月数 | 本年累计数 |
| --- | --- | --- |
| 一、本期收入 | | |
| （一）事业收入 | | |
| （二）上级补助收入 | | |
| （三）附属单位上缴收入 | | |
| （四）经营收入 | | |
| （五）其他收入 | | |
| 二、本期支出 | | |
| （一）事业支出 | | |
| （二）对附属单位补助支出 | | |
| （三）经营支出 | | |
| （四）其他支出 | | |
| 三、本期结转结余 | | |
| （一）财政专户核拨资金结转结余 | | |
| （二）非财政专户核拨资金结转结余 | | |
| 　1. 非财政专户核拨资金结转 | | |
| 　2. 待分配事业结余 | | |
| 　3. 经营结余 | | |
| 四、弥补以前年度经营亏损后的经营结余 | | |
| 五、本年非财政专户核拨资金结余 | | |
| 　减：应缴企业所得税 | | |
| 　减：提取专用基金 | | |
| 六、转入事业基金 | | |

彩票机构会计制度

## 财政专户核拨资金收入支出表

会彩03表

编制单位：　　　　　　　　　　　年度　　　　　　　　　单位：元

| 项　目 | 本年数 | 上年数 |
| --- | --- | --- |
| 一、年初财政专户核拨资金结转结余 |  | — |
| 　（一）基本支出结转 |  | — |
| 　　1. 人员经费 |  | — |
| 　　2. 日常公用经费 |  | — |
| 　（二）项目支出结转 |  | — |
| 　　××项目 |  | — |
| 　（三）项目支出结余 |  | — |
| 二、调整年初财政专户核拨资金结转结余 |  | — |
| 　（一）基本支出结转 |  | — |
| 　　1. 人员经费 |  | — |
| 　　2. 日常公用经费 |  | — |
| 　（二）项目支出结转 |  | — |
| 　　××项目 |  | — |
| 　（三）项目支出结余 |  | — |
| 三、本年财政专户核拨资金收入（事业收入） |  |  |
| 　（一）基本支出 |  |  |
| 　　1. 人员经费 |  |  |
| 　　2. 日常公用经费 |  |  |
| 　（二）项目支出 |  |  |
| 　　××项目 |  |  |
| 四、本年财政专户核拨资金支出（事业支出） |  |  |
| 　（一）基本支出 |  |  |
| 　　1. 人员经费 |  |  |
| 　　2. 日常公用经费 |  |  |

续表

| 项　目 | 本年数 | 上年数 |
|---|---|---|
| （二）项目支出 | | |
| 　　××项目 | | |
| 五、年末财政专户核拨资金结转结余 | | — |
| （一）基本支出结转 | | |
| 　　1. 人员经费 | | — |
| 　　2. 日常公用经费 | | — |
| （二）项目支出结转 | | |
| 　　××项目 | | — |
| （三）项目支出结余 | | — |

# 第五部分
# 财务报表编制说明

## 一、资产负债表编制说明

（一）本表反映彩票机构在某一特定日期全部资产、负债和净资产的情况。

（二）本表"年初余额"栏内各项数字，应当根据上年年末资产负债表"期末余额"栏内数字填列。如果本年度资产负债表规定的各个项目的名称和内容同上年度不相一致，应对上年年末资产负债表各项目的名称和数字按照本年度的规定进行调整，填入本表"年初余额"栏内。

（三）本表"期末余额"栏各项目的内容和填列方法：

1.资产类项目

（1）"货币资金"项目，反映彩票机构期末库存现金、银行存款和零余额账户用款额度的合计数。本项目应当根据"库存现金"、"银行存款"、"零余额账户用款额度"科目的期末余额合计填列。

（2）"短期投资"项目，反映彩票机构期末持有的短期投资成本。本项目应当根据"短期投资"科目的期末余额填列。

（3）"应收票据"项目，反映彩票机构期末持有的应收票据的票面金额。本项目应当根据"应收票据"科目的期末余额填列。

（4）"应收账款"项目，反映彩票机构期末尚未收回的应收账款余额。本项目应当根据"应收账款"科目的期末余额填列。

（5）"预付账款"项目，反映彩票机构预付给商品或者劳务供应单位的款项。本项目应当根据"预付账款"科目的期末余额填列。

（6）"其他应收款"项目，反映彩票机构期末尚未收回的各项应收及暂付款项余额。本项目应当根据"其他应收款"科目的期末余额填列。

（7）"库存材料"项目，反映彩票机构期末为开展业务活动及其他活动中为耗用而储存的各种材料、燃料、包装物、低值易耗品、热敏纸、投注单及达不到固定资产标准的用具、装具、动植物等的实际成本。本项目应当根据"库存材料"科目的期末余额填列。

（8）"库存彩票"项目，反映彩票发行机构期末购进的已验收入库彩票的实际成本。本项目应当根据"库存彩票"科目的期末余额填列。

（9）"其他流动资产"项目，反映彩票机构除上述各项之外的其他流动资产，如将在1年内（含1年）到期的长期债券投资。本项目应当根据"长期投资"等科目的期末余额分析填列。

（10）"流动资产合计"项目，按照"货币资金"、"短期投资"、"应收票据"、"应收账款"、"预付账款"、"其他应收款"、"库存材料"、"库存彩票"、"其他流动资产"项目金额的合计数填列。

（11）"长期投资"项目，反映彩票机构持有时间超过1年（不含1年）的股权和债权性质的投资。本项目应当根据"长期投资"科目期末余额减去其中将于1年内（含1年）到期的长期债券投资余额后的金额填列。

（12）"固定资产"项目，反映彩票机构期末各项固定资产的账面价值。本项目应当根据"固定资产"科目期末余额减去"累计折旧"科目期末余额后的金额填列。

"固定资产原价"项目,反映彩票机构期末各项固定资产的原价。本项目应当根据"固定资产"科目的期末余额填列。

"累计折旧"项目,反映彩票机构期末各项固定资产的累计折旧。本项目应当根据"累计折旧"科目的期末余额填列。

(13)"在建工程"项目,反映彩票机构期末尚未完工交付使用的在建工程发生的实际成本。本项目应当根据"在建工程"科目的期末余额填列。

(14)"无形资产"项目,反映彩票机构期末持有的各项无形资产的账面价值。本项目应当根据"无形资产"科目期末余额减去"累计摊销"科目期末余额后的金额填列。

"无形资产原价"项目,反映彩票机构期末持有的各项无形资产的原价。本项目应当根据"无形资产"科目的期末余额填列。

"累计摊销"项目,反映彩票机构期末各项无形资产的累计摊销。本项目应当根据"累计摊销"科目的期末余额填列。

(15)"待处置资产损溢"项目,反映彩票机构期末待处置资产的价值及处置损溢。本项目应当根据

"待处置资产损溢"科目的期末借方余额填列;如"待处置资产损溢"科目期末为贷方余额,则以"—"号填列。

(16)"非流动资产合计"项目,按照"长期投资"、"固定资产"、"在建工程"、"无形资产"、"待处置资产损溢"项目金额的合计数填列。

2. 负债类项目

(17)"短期借款"项目,反映彩票机构借入的期限在1年内(含1年)的各种借款本金。本项目应当根据"短期借款"科目的期末余额填列。

(18)"应缴税费"项目,反映彩票机构应交未交的各种税费。本项目应当根据"应缴税费"科目的期末贷方余额填列;如"应缴税费"科目期末为借方余额,则以"—"号填列。

(19)"应缴国库款"项目,反映彩票机构按规定应缴入国库的款项(应缴税费除外)。本项目应当根据"应缴国库款"科目的期末余额填列。

(20)"应缴财政专户款"项目,反映彩票机构按规定应缴入财政专户的款项。本项目应当根据"应缴财政专户款"科目的期末余额填列。

(21)"应付职工薪酬"项目,反映彩票机构按有关规定应付给职工及为职工支付的各种薪酬。本项目应当根据"应付职工薪酬"科目的期末余额填列。

（22）"应付票据"项目，反映彩票机构期末应付票据的票面金额。本项目应当根据"应付票据"科目的期末余额填列。

（23）"应付账款"项目，反映彩票机构期末尚未支付的应付账款的金额。本项目应当根据"应付账款"科目的期末余额填列。

（24）"预收账款"项目，反映彩票机构期末预收彩票销售款和按合同规定预收但尚未实际结算的款项。本项目应当根据"预收账款"科目的期末余额填列。

（25）"其他应付款"项目，反映彩票机构期末应付未付的其他各项应付及暂收款项。本项目应当根据"其他应付款"科目的期末余额填列。

（26）"应付返奖奖金"项目，反映彩票机构应返还给中奖者的奖金。本项目应当根据"应付返奖奖金"科目的期末余额填列。

（27）"应付代销费"项目，反映彩票机构按彩票代销合同的约定比例从彩票销售额中提取，用于支付给彩票代销者的资金。本项目应当根据"应付代销费"科目的期末余额填列。

（28）"其他流动负债"项目，反映彩票机构除上述各项之外的其他流动负债，如承担的将于1年内

（含1年）偿还的长期负债。本项目应当根据"长期借款"、"长期应付款"等科目的期末余额分析填列。

（29）"流动负债合计"项目，按照"短期借款"、"应缴税费"、"应缴国库款"、"应缴财政专户款"、"应付职工薪酬"、"应付票据"、"应付账款"、"预收账款"、"其他应付款"、"应付返奖奖金"、"应付代销费"、"其他流动负债"项目金额的合计数填列。

（30）"长期借款"项目，反映彩票机构借入的期限超过1年（不含1年）的各项借款本金。本项目应当根据"长期借款"科目的期末余额减去其中将于1年内（含1年）到期的长期借款余额后的金额填列。

（31）"长期应付款"项目，反映彩票机构发生的偿还期限超过1年（不含1年）的各种应付款项。本项目应当根据"长期应付款"科目的期末余额减去其中将于1年内（含1年）到期的长期应付款余额后的金额填列。

（32）"非流动负债合计"项目，按照"长期借款"、"长期应付款"项目金额的合计数填列。

3. 净资产类项目

（33）"事业基金"项目，反映彩票机构期末拥有的非限定用途的净资产。本项目应当根据"事业基金"科目的期末余额填列。

(34)"库存彩票基金"项目,反映彩票发行机构购进的已验收入库彩票占用的金额。本项目应当根据"库存彩票基金"科目的期末余额填列。

(35)"非流动资产基金"项目,反映彩票机构期末非流动资产占用的金额。本项目应当根据"非流动资产基金"科目的期末余额填列。

(36)"专用基金"项目,反映彩票机构按规定设置或提取的具有专门用途的净资产。本项目应当根据"专用基金"科目的期末余额填列。

(37)"财政专户核拨资金结转"项目,反映彩票机构滚存的财政专户核拨结转资金。本项目应当根据"财政专户核拨资金结转"科目的期末余额填列。

(38)"财政专户核拨资金结余"项目,反映彩票机构滚存的财政专户核拨结余资金。本项目应当根据"财政专户核拨资金结余"科目的期末余额填列。

(39)"非财政专户核拨资金结转"项目,反映彩票机构滚存的非财政专户核拨结转资金。本项目应当根据"非财政专户核拨资金结转"科目的期末余额填列。

(40)"非财政专户核拨资金结余"项目,反映彩票机构自年初至报告期末累计实现的非财政专户核拨资金结余弥补以前年度经营亏损后的余额。本项目应当根据"待分配事业结余"、"经营结余"科目的期末余额合计填列；如"待分配事业结余"、"经营结余"科目的期末余额合计为亏损数，则以"－"号填列。在编制年度资产负债表时，本项目金额一般应为"0"；如果不为"0"，本项目金额应为"经营结余"科目的期末借方余额（以"－"号填列）。

"待分配事业结余"项目，反映彩票机构自年初至报告期末累计实现的可分配事业结余。本项目应当根据"待分配事业结余"科目的期末余额填列；如"待分配事业结余"科目的期末余额为亏损数，则以"－"号填列。在编制年度资产负债表时，本项目金额应为"0"。

"经营结余"项目，反映彩票机构自年初至报告期末累计实现的经营结余弥补以前年度经营亏损后的余额。本项目应当根据"经营结余"科目的期末余额填列；如"经营结余"科目的期末余额为亏损数，则以"－"号填列。在编制年度资产负债表时，本项目金额一般应为"0"；如果不为"0"，本项目金额应为"经营结余"科目的期末借方余额（以"－"号填列）。

## 二、返奖奖金变动明细表编制说明

（一）本表反映彩票机构在某一会计年度内返奖奖

金的兑付情况。

（二）本表中"年初余额"、"本年增加数"、"本年减少数"、"年末余额"、"调节基金"、"奖池"和"一般调节基金"各项目，应当根据"应付返奖奖金"科目各明细科目中的相关信息分析填列。

## 三、彩票资金分配明细表编制说明

（一）本表反映彩票机构在某一会计年度内彩票资金的分配情况。

（二）本表中"彩票销售额"、"彩票返奖奖金"、"彩票公益金"、"彩票业务费"和"彩票代销费"各栏，以及各栏的明细栏内各项数字，应当根据"应缴国库款"、"应付返奖奖金"、"应付代销费"等科目的明细科目中的相关信息分析填列。

## 四、收入支出表编制说明

（一）本表反映彩票机构在某一会计期间内各项收入、支出和结转结余情况，以及年末非财政专户核拨资金结余的分配情况。

（二）本表"本月数"栏反映各项目的本月实际发生数。在编制年度收入支出表时，应当将本栏改为"上年数"栏，反映上年度各项目的实际发生数；如果本年度收入支出表规定的各个项目的名称和内容同上年度不一致,应对上年度收入支出表各项目的名称和数字按照本年度的规定进行调整,填入本年度收入支出表的"上年数"栏。

本表"本年累计数"栏反映各项目自年初起至报告期末止的累计实际发生数。编制年度收入支出表时,应当将本栏改为"本年数"。

(三)本表"本月数"栏各项目的内容和填列方法:

1. 本期收入

(1)"本期收入"项目,反映彩票机构本期收入总额。本项目应当根据本表中"事业收入"、"上级补助收入"、"附属单位上缴收入"、"经营收入"和"其他收入"项目金额的合计数填列。

(2)"事业收入"项目,反映彩票机构本期开展彩票发行销售业务活动及其辅助活动取得的收入。本项目应当根据"事业收入"科目的本期发生额填列。

(3)"上级补助收入"项目,反映彩票机构本期从主管部门和上级单位取得的非财政专户核拨资金收入。本项目应当根据"上级补助收入"科目的本期发生额填列。

(4)"附属单位上缴收入"项目,反映彩票机构附属独立核算单位本期按照有关规定上缴的收入。本项目应当根据"附属单位上缴收入"科目的本期发生额填列。

（5）"经营收入"项目，反映彩票机构本期在彩票发行销售业务活动及其辅助活动之外开展非独立核算经营活动取得的收入。本项目应当根据"经营收入"科目的本期发生额填列。

（6）"其他收入"项目，反映彩票机构本期除事业收入、上级补助收入、附属单位上缴收入、经营收入以外的其他收入。本项目应当根据"其他收入"科目的本期发生额填列。

2. 本期支出

（7）"本期支出"项目，反映彩票机构本期支出总额。本项目应当根据本表中"事业支出"、"对附属单位补助支出"、"经营支出"、"其他支出"项目金额的合计数填列。

（8）"事业支出"项目，反映彩票机构本期使用财政专户核拨资金发生的彩票发行销售业务活动支出。本项目应当根据"事业支出"科目本期发生额填列。

（9）"对附属单位补助支出"项目，反映彩票机构使用非财政专户核拨资金用于对附属单位补助支出的金额。本项目根据"对附属单位补助支出"本期发生额填列。

（10）"经营支出"项目，反映彩票机构在彩票发行销售业务活动及其辅助活动之外开展非独立核算经营活动发生的支出。本项目应当根据"经营支出"科目的本期发生额填列。

（11）"其他支出"项目，反映彩票机构除事业支出、对附属单位补助支出、经营支出以外的各项支出。本项目根据"其他支出"本期发生额填列。

3. 本期结转结余

（12）"本期结转结余"项目，反映彩票机构本期各项收支相抵后的余额。本项目应当根据本项目下"财政专户核拨资金结转结余"、"非财政专户核拨资金结转结余"项目金额的合计数填列；如为负数，以"－"号填列。

（13）"财政专户核拨资金结转结余"项目，反映彩票机构本期事业收入与事业支出相抵后的余额。本项目应当按照本表中"事业收入"项目金额减去"事业支出"项目金额后的余额填列。

（14）"非财政专户核拨资金结转结余"项目，反映彩票机构本期除财政专户核拨资金结转结余之外的结转结余金额。本项目应当按照本表中"上级补助收入"、"附属单位上缴收入"、"经营收入"和"其他收入"项目金额的合计数减去"对附属单位补助支出"、"经营支出"和"其他支出"项目金额的合计数后的余额填列;如为负数,以"-"号填列。

"非财政专户核拨资金结转"项目,反映彩票机构本期除事业收支以外的各专项资金收入与其相关支出相抵后剩余滚存的、须按规定用途使用的结转资金。本项目应当按照"非财政专户核拨资金结转"科目本期余额填列。

"待分配事业结余"项目,反映彩票机构自年初至报告期末累计实现的可分配事业结余。本项目应当根据"待分配事业结余"科目未结转前的期末余额填列;如"待分配事业结余"科目的期末余额为亏损数,则以"-"号填列。在编制年度收入支出表时,本项目金额应为"0"。

"经营结余"项目,反映彩票机构本期经营收入与经营支出相抵后的差额。本项目应当根据"经营结余"科目的期末余额填列;如"经营结余"科目的期末余额为亏损数,则以"-"号填列。在编制年度收入支出表时,本项目金额一般应为"0";如果不为"0",本项目金额应为"经营结余"科目的年末借方余额(以"-"号填列)。

4. 弥补以前年度经营亏损后的经营结余

(15)"弥补以前年度经营亏损后的经营结余"项目,反映彩票机构本年度实现的经营结余扣除本年初未弥补经营亏损后的余额。本项目应当根据"经营结余"科目年末转入"非财政专户核拨资金结余分配"科目前的余额填列;如果"经营结余"科目年末余额为借方余额,以"－"号填列。

5. 本年非财政专户核拨资金结余

(16)"本年非财政专户核拨资金结余"项目,反映彩票机构本年度除财政专户核拨资金之外的其他结余金额。如果"经营结余"项目本年发生数为正数,本项目应当按照本表中"非财政专户核拨资金结转结余"项目本年发生额减去"非财政专户核拨资金结转"项目本年发生额后的金额填列;如果"经营结余"项目本年发生数为负数,本项目应当按照本表中"非财政专户核拨资金结转结余"项目本年发生额减去"非财政专户核拨资金结转"项目本年发生额和"经营结余"项目本年发生额后的金额填列;本项目如为负数,以"－"号填列。本项目的余额应当与"非财政专户核拨资金结余分配"科目的本年贷方发生额保持一致。

(17)"应缴企业所得税"项目,反映彩票机构按照税法规定本年度应缴纳的企业所得税金额。本项目应当根据"非财政专户核拨资金结余分配"科目的本年借方发生额分析填列。

(18)"提取专用基金"项目,反映彩票机构本年度按规定提取的专用基金金额。本项目应当根据"非财政专户核拨资金结余分配"科目的本年发生额分析填列。

6.转入事业基金

(19)"转入事业基金"项目,反映彩票机构本年度按规定转入事业基金的非财政专户核拨资金结余资金。本项目应当按照本表中"本年非财政专户核拨资金结余"项目金额减去"应缴企业所得税"、"提取专用基金"项目金额后的余额填列;如为负数,以"—"号填列。

上述(15)至(19)项目,只有在编制年度收入支出表时才填列;编制月度收入支出表时,可以不设置此5个项目。

## 五、财政专户核拨资金收入支出表编制说明

(一)本表反映彩票机构某一会计年度由财政专户核拨资金形成的事业收入、事业支出和结转结余情况。

(二)本表"上年数"栏内各项数字,应当根据上年度"财政专户核拨资金收入支出表"中的"本年数"栏内数字填列。

（三）本表"本年数"栏各项目的内容和填列方法：

1."年初财政专户核拨资金结转结余"项目及其所属各明细项目，反映彩票机构本年初财政专户核拨资金结转和结余余额。各项目应当根据上年度财政专户核拨资金收入支出表中"年末财政专户核拨资金结转结余"项目及其所属各明细项目"本年数"栏的数字填列。

2."调整年初财政专户核拨资金结转结余"项目及其所属各明细项目，反映彩票机构因本年度发生需要调整以前年度财政专户核拨资金结转结余的事项，而对年初财政专户核拨资金结转结余的调整金额。各项目应当根据"财政专户核拨资金结转"、"财政专户核拨资金结余"科目及其所属明细科目的本年发生额分析填列。如调整减少年初财政专户核拨资金结转结余，以"－"号填列。

3."本年财政专户核拨资金收入（事业收入）"项目及其所属各明细项目，反映彩票机构本年度从财政专户核拨取得的各类拨款金额。各项目应当根据"事业收入"科目及其所属明细科目的本年发生额填列。

4."本年财政专户核拨资金支出（事业支出）"项目及其所属各明细项目，反映彩票机构本年度使用财政专户核拨资金的支出金额。各项目应当根据"事业支出"科目及其所属明细科目本年发生额填列。

5."年末财政专户核拨资金结转结余"项目及其所属各明细项目,反映彩票机构截至本年末的财政专户核拨资金结转和结余余额。各项目应当根据"财政专户核拨资金结转"、"财政专户核拨资金结余"科目及其所属明细科目的年末余额填列。

## 六、附注

彩票机构的会计报表附注至少应当披露下列内容:

(一)遵循《事业单位会计准则》、《彩票机构会计制度》的声明;

(二)彩票机构整体财务状况、业务活动情况的说明;

(三)会计报表中列示的重要项目的进一步说明,包括其主要构成、增减变动情况等,特别是库存彩票的主要构成和本期增减变动情况;

(四)重要资产处置情况的说明;

(五)重大投资、借款活动的说明;

(六)以名义金额计量的资产名称、数量等情况,以及以名义金额计量理由的说明;

(七)以前年度各项结转结余调整情况的说明;

(八)有助于理解和分析会计报表需要说明的其他事项。

# 附　录

## 相关法规及规范性文件

# 中华人民共和国会计法

1999年10月31日　中华人民共和国主席令第24号

（1985年1月21日第六届全国人民代表大会常务委员会第九次会议通过，根据1993年12月29日第八届全国人民代表大会常务委员会第五次会议《关于修改〈中华人民共和国会计法〉的决定》修正　1999年10月31日第九届全国人民代表大会常务委员会第十二次会议修订）

## 第一章　总　　则

**第一条**　为了规范会计行为，保证会计资料真实、完整，加强经济管理和财务管理，提高经济效益，维护社会主义市场经济秩序，制定本法。

**第二条**　国家机关、社会团体、公司、企业、事业单位和其他组织（以下统称单位）必须依照本法办理会计事务。

**第三条**　各单位必须依法设置会计账簿，并保证其真实、完整。

**第四条**　单位负责人对本单位的会计工作和会计资料的真

实性、完整性负责。

**第五条** 会计机构、会计人员依照本法规定进行会计核算，实行会计监督。

任何单位或者个人不得以任何方式授意、指使、强令会计机构、会计人员伪造、变造会计凭证、会计账簿和其他会计资料，提供虚假财务会计报告。

任何单位或者个人不得对依法履行职责、抵制违反本法规定行为的会计人员实行打击报复。

**第六条** 对认真执行本法，忠于职守，坚持原则，作出显著成绩的会计人员，给予精神的或者物质的奖励。

**第七条** 国务院财政部门主管全国的会计工作。

县级以上地方各级人民政府财政部门管理本行政区域内的会计工作。

**第八条** 国家实行统一的会计制度。国家统一的会计制度由国务院财政部门根据本法制定并公布。

国务院有关部门可以依照本法和国家统一的会计制度制定对会计核算和会计监督有特殊要求的行业实施国家统一的会计制度的具体办法或者补充规定，报国务院财政部门审核批准。

中国人民解放军总后勤部可以依照本法和国家统一的会计制度制定军队实施国家统一的会计制度的具体办法，报国务院财政部门备案。

# 第二章　会　计　核　算

**第九条** 各单位必须根据实际发生的经济业务事项进行会

计核算，填制会计凭证，登记会计账簿，编制财务会计报告。

任何单位不得以虚假的经济业务事项或者资料进行会计核算。

**第十条** 下列经济业务事项，应当办理会计手续，进行会计核算：

（一）款项和有价证券的收付；

（二）财物的收发、增减和使用；

（三）债权债务的发生和结算；

（四）资本、基金的增减；

（五）收入、支出、费用、成本的计算；

（六）财务成果的计算和处理；

（七）需要办理会计手续、进行会计核算的其他事项。

**第十一条** 会计年度自公历1月1日起至12月31日止。

**第十二条** 会计核算以人民币为记账本位币。

业务收支以人民币以外的货币为主的单位，可以选定其中一种货币作为记账本位币，但是编报的财务会计报告应当折算为人民币。

**第十三条** 会计凭证、会计账簿、财务会计报告和其他会计资料，必须符合国家统一的会计制度的规定。

使用电子计算机进行会计核算的，其软件及其生成的会计凭证、会计账簿、财务会计报告和其他会计资料，也必须符合国家统一的会计制度的规定。

任何单位和个人不得伪造、变造会计凭证、会计账簿及其他会计资料，不得提供虚假的财务会计报告。

**第十四条** 会计凭证包括原始凭证和记账凭证。

办理本法第十条所列的经济业务事项，必须填制或者取得原始凭证并及时送交会计机构。

会计机构、会计人员必须按照国家统一的会计制度的规定对原始凭证进行审核，对不真实、不合法的原始凭证有权不予接受，并向单位负责人报告；对记载不准确、不完整的原始凭证予以退回，并要求按照国家统一的会计制度的规定更正、补充。

原始凭证记载的各项内容均不得涂改；原始凭证有错误的，应当由出具单位重开或者更正，更正处应当加盖出具单位印章。原始凭证金额有错误的，应当由出具单位重开，不得在原始凭证上更正。

记账凭证应当根据经过审核的原始凭证及有关资料编制。

**第十五条** 会计账簿登记，必须以经过审核的会计凭证为依据，并符合有关法律、行政法规和国家统一的会计制度的规定。会计账簿包括总账、明细账、日记账和其他辅助性账簿。

会计账簿应当按照连续编号的页码顺序登记。会计账簿记录发生错误或者隔页、缺号、跳行的，应当按照国家统一的会计制度规定的方法更正，并由会计人员和会计机构负责人（会计主管人员）在更正处盖章。

使用电子计算机进行会计核算的，其会计账簿的登记、更正，应当符合国家统一的会计制度的规定。

**第十六条** 各单位发生的各项经济业务事项应当在依法设置的会计账簿上统一登记、核算，不得违反本法和国家统一的会计制度的规定私设会计账簿登记、核算。

**第十七条** 各单位应当定期将会计账簿记录与实物、款项及有关资料相互核对,保证会计账簿记录与实物及款项的实有数额相符、会计账簿记录与会计凭证的有关内容相符、会计账簿之间相对应的记录相符、会计账簿记录与会计报表的有关内容相符。

**第十八条** 各单位采用的会计处理方法,前后各期应当一致,不得随意变更;确有必要变更的,应当按照国家统一的会计制度的规定变更,并将变更的原因、情况及影响在财务会计报告中说明。

**第十九条** 单位提供的担保、未决诉讼等或有事项,应当按照国家统一的会计制度的规定,在财务会计报告中予以说明。

**第二十条** 财务会计报告应当根据经过审核的会计账簿记录和有关资料编制,并符合本法和国家统一的会计制度关于财务会计报告的编制要求、提供对象和提供期限的规定;其他法律、行政法规另有规定的,从其规定。

财务会计报告由会计报表、会计报表附注和财务情况说明书组成。向不同的会计资料使用者提供的财务会计报告,其编制依据应当一致。有关法律、行政法规规定会计报表、会计报表附注和财务情况说明书须经注册会计师审计的,注册会计师及其所在的会计师事务所出具的审计报告应当随同财务会计报告一并提供。

**第二十一条** 财务会计报告应当由单位负责人和主管会计

工作的负责人、会计机构负责人（会计主管人员）签名并盖章；设置总会计师的单位，还须由总会计师签名并盖章。

单位负责人应当保证财务会计报告真实、完整。

**第二十二条** 会计记录的文字应当使用中文。在民族自治地方，会计记录可以同时使用当地通用的一种民族文字。在中华人民共和国境内的外商投资企业、外国企业和其他外国组织的会计记录可以同时使用一种外国文字。

**第二十三条** 各单位对会计凭证、会计账簿、财务会计报告和其他会计资料应当建立档案，妥善保管。会计档案的保管期限和销毁办法，由国务院财政部门会同有关部门制定。

## 第三章　公司、企业会计核算的特别规定

**第二十四条** 公司、企业进行会计核算，除应当遵守本法第二章的规定外，还应当遵守本章规定。

**第二十五条** 公司、企业必须根据实际发生的经济业务事项，按照国家统一的会计制度的规定确认、计量和记录资产、负债、所有者权益、收入、费用、成本和利润。

**第二十六条** 公司、企业进行会计核算不得有下列行为：

（一）随意改变资产、负债、所有者权益的确认标准或者计量方法，虚列、多列、不列或者少列资产、负债、所有者权益；

（二）虚列或者隐瞒收入，推迟或者提前确认收入；

（三）随意改变费用、成本的确认标准或者计量方法，虚列、多列、不列或者少列费用、成本；

（四）随意调整利润的计算、分配方法，编造虚假利润或者隐瞒利润；

（五）违反国家统一的会计制度规定的其他行为。

## 第四章　会计监督

**第二十七条**　各单位应当建立、健全本单位内部会计监督制度。单位内部会计监督制度应当符合下列要求：

（一）记账人员与经济业务事项和会计事项的审批人员、经办人员、财物保管人员的职责权限应当明确，并相互分离、相互制约；

（二）重大对外投资、资产处置、资金调度和其他重要经济业务事项的决策和执行的相互监督、相互制约程序应当明确；

（三）财产清查的范围、期限和组织程序应当明确；

（四）对会计资料定期进行内部审计的办法和程序应当明确。

**第二十八条**　单位负责人应当保证会计机构、会计人员依法履行职责，不得授意、指使、强令会计机构、会计人员违法办理会计事项。

会计机构、会计人员对违反本法和国家统一的会计制度规定的会计事项，有权拒绝办理或者按照职权予以纠正。

**第二十九条** 会计机构、会计人员发现会计账簿记录与实物、款项及有关资料不相符的，按照国家统一的会计制度的规定有权自行处理的，应当及时处理；无权处理的，应当立即向单位负责人报告，请求查明原因，作出处理。

**第三十条** 任何单位和个人对违反本法和国家统一的会计制度规定的行为，有权检举。收到检举的部门有权处理的，应当依法按照职责分工及时处理；无权处理的，应当及时移送有权处理的部门处理。收到检举的部门、负责处理的部门应当为检举人保密，不得将检举人姓名和检举材料转给被检举单位和被检举人个人。

**第三十一条** 有关法律、行政法规规定，须经注册会计师进行审计的单位，应当向受委托的会计师事务所如实提供会计凭证、会计账簿、财务会计报告和其他会计资料以及有关情况。

任何单位或者个人不得以任何方式要求或者示意注册会计师及其所在的会计师事务所出具不实或者不当的审计报告。

财政部门有权对会计师事务所出具审计报告的程序和内容进行监督。

**第三十二条** 财政部门对各单位的下列情况实施监督：

（一）是否依法设置会计账簿；

（二）会计凭证、会计账簿、财务会计报告和其他会计资料是否真实、完整；

（三）会计核算是否符合本法和国家统一的会计制度的

规定；

（四）从事会计工作的人员是否具备从业资格。

在对前款第（二）项所列事项实施监督，发现重大违法嫌疑时，国务院财政部门及其派出机构可以向与被监督单位有经济业务往来的单位和被监督单位开立账户的金融机构查询有关情况，有关单位和金融机构应当给予支持。

第三十三条　财政、审计、税务、人民银行、证券监管、保险监管等部门应当依照有关法律、行政法规规定的职责，对有关单位的会计资料实施监督检查。

前款所列监督检查部门对有关单位的会计资料依法实施监督检查后，应当出具检查结论。有关监督检查部门已经作出的检查结论能够满足其他监督检查部门履行本部门职责需要的，其他监督检查部门应当加以利用，避免重复查账。

第三十四条　依法对有关单位的会计资料实施监督检查的部门及其工作人员对在监督检查中知悉的国家秘密和商业秘密负有保密义务。

第三十五条　各单位必须依照有关法律、行政法规的规定，接受有关监督检查部门依法实施的监督检查，如实提供会计凭证、会计账簿、财务会计报告和其他会计资料以及有关情况，不得拒绝、隐匿、谎报。

# 第五章　会计机构和会计人员

第三十六条　各单位应当根据会计业务的需要，设置会计机构，或者在有关机构中设置会计人员并指定会计主管人员；不具备设置条件的，应当委托经批准设立从事会计代理记账业务的中介机构代理记账。

国有的和国有资产占控股地位或者主导地位的大、中型企业必须设置总会计师。总会计师的任职资格、任免程序、职责权限由国务院规定。

**第三十七条** 会计机构内部应当建立稽核制度。

出纳人员不得兼任稽核、会计档案保管和收入、支出、费用、债权债务账目的登记工作。

**第三十八条** 从事会计工作的人员，必须取得会计从业资格证书。

担任单位会计机构负责人（会计主管人员）的，除取得会计从业资格证书外，还应当具备会计师以上专业技术职务资格或者从事会计工作三年以上经历。

会计人员从业资格管理办法由国务院财政部门规定。

**第三十九条** 会计人员应当遵守职业道德，提高业务素质。对会计人员的教育和培训工作应当加强。

**第四十条** 因有提供虚假财务会计报告，做假账，隐匿或者故意销毁会计凭证、会计账簿、财务会计报告，贪污，挪用公款，职务侵占等与会计职务有关的违法行为被依法追究刑事责任的人员，不得取得或者重新取得会计从业资格证书。

除前款规定的人员外，因违法违纪行为被吊销会计从业资格证书的人员，自被吊销会计从业资格证书之日起五年内，不得重新取得会计从业资格证书。

第四十一条　会计人员调动工作或者离职,必须与接管人员办清交接手续。

一般会计人员办理交接手续,由会计机构负责人(会计主管人员)监交;会计机构负责人(会计主管人员)办理交接手续,由单位负责人监交,必要时主管单位可以派人会同监交。

# 第六章　法　律　责　任

第四十二条　违反本法规定,有下列行为之一的,由县级以上人民政府财政部门责令限期改正,可以对单位并处三千元以上五万元以下的罚款;对其直接负责的主管人员和其他直接责任人员,可以处二千元以上二万元以下的罚款;属于国家工作人员的,还应当由其所在单位或者有关单位依法给予行政处分:

(一)不依法设置会计账簿的;

(二)私设会计账簿的;

(三)未按照规定填制、取得原始凭证或者填制、取得的原始凭证不符合规定的;

(四)以未经审核的会计凭证为依据登记会计账簿或者登记会计账簿不符合规定的;

(五)随意变更会计处理方法的;

(六)向不同的会计资料使用者提供的财务会计报告编制依据不一致的;

（七）未按照规定使用会计记录文字或者记账本位币的；

（八）未按照规定保管会计资料，致使会计资料毁损、灭失的；

（九）未按照规定建立并实施单位内部会计监督制度或者拒绝依法实施的监督或者不如实提供有关会计资料及有关情况的；

（十）任用会计人员不符合本法规定的。

有前款所列行为之一，构成犯罪的，依法追究刑事责任。

会计人员有第一款所列行为之一，情节严重的，由县级以上人民政府财政部门吊销会计从业资格证书。

有关法律对第一款所列行为的处罚另有规定的，依照有关法律的规定办理。

**第四十三条** 伪造、变造会计凭证、会计账簿，编制虚假财务会计报告，构成犯罪的，依法追究刑事责任。

有前款行为，尚不构成犯罪的，由县级以上人民政府财政部门予以通报，可以对单位并处五千元以上十万元以下的罚款；对其直接负责的主管人员和其他直接责任人员，可以处三千元以上五万元以下的罚款；属于国家工作人员的，还应当由其所在单位或者有关单位依法给予撤职直至开除的行政处分；对其中的会计人员，并由县级以上人民政府财政部门吊销会计从业资格证书。

**第四十四条** 隐匿或者故意销毁依法应当保存的会计凭证、会计账簿、财务会计报告，构成犯罪的，依法追究刑事责任。

有前款行为，尚不构成犯罪的，由县级以上人民政府财政部门予以通报，可以对单位并处五千元以上十万元以下的罚款；对其直接负责的主管人员和其他直接责任人员，可以处三千元以上五万元以下的罚款；属于国家工作人员的，还应当由其所在单位或者有关单位依法给予撤职直至开除的行政处分；对其中的会计人员，并由县级以上人民政府财政部门吊销会计从业资格证书。

**第四十五条** 授意、指使、强令会计机构、会计人员及其他人员伪造、变造会计凭证、会计账簿，编制虚假财务会计报告或者隐匿、故意销毁依法应当保存的会计凭证、会计账簿、财务会计报告，构成犯罪的，依法追究刑事责任；尚不构成犯罪的，可以处五千元以上五万元以下的罚款；属于国家工作人员的，还应当由其所在单位或者有关单位依法给予降级、撤职、开除的行政处分。

**第四十六条** 单位负责人对依法履行职责、抵制违反本法规定行为的会计人员以降级、撤职、调离工作岗位、解聘或者开除等方式实行打击报复，构成犯罪的，依法追究刑事责任；尚不构成犯罪的，由其所在单位或者有关单位依法给予行政处分。对受打击报复的会计人员，应当恢复其名誉和原有职务、级别。

**第四十七条** 财政部门及有关行政部门的工作人员在实施监督管理中滥用职权、玩忽职守、徇私舞弊或者泄露国家秘密、商业秘密，构成犯罪的，依法追究刑事责任；尚不构成犯罪的，依法给予行政处分。

**第四十八条** 违反本法第三十条规定,将检举人姓名和检举材料转给被检举单位和被检举人个人的,由所在单位或者有关单位依法给予行政处分。

**第四十九条** 违反本法规定,同时违反其他法律规定的,由有关部门在各自职权范围内依法进行处罚。

# 第七章 附 则

**第五十条** 本法下列用语的含义:

单位负责人,是指单位法定代表人或者法律、行政法规规定代表单位行使职权的主要负责人。

国家统一的会计制度,是指国务院财政部门根据本法制定的关于会计核算、会计监督、会计机构和会计人员以及会计工作管理的制度。

**第五十一条** 个体工商户会计管理的具体办法,由国务院财政部门根据本法的原则另行规定。

**第五十二条** 本法自 2000 年 7 月 1 日起施行。

# 彩票管理条例

2009年5月4日　中华人民共和国国务院令第554号

## 第一章　总　　则

**第一条**　为了加强彩票管理，规范彩票市场发展，维护彩票市场秩序，保护彩票参与者的合法权益，促进社会公益事业发展，制定本条例。

**第二条**　本条例所称彩票，是指国家为筹集社会公益资金，促进社会公益事业发展而特许发行、依法销售，自然人自愿购买，并按照特定规则获得中奖机会的凭证。

彩票不返还本金、不计付利息。

**第三条**　国务院特许发行福利彩票、体育彩票。未经国务院特许，禁止发行其他彩票。禁止在中华人民共和国境内发行、销售境外彩票。

**第四条**　彩票的发行、销售和开奖，应当遵循公开、公平、公正和诚实信用的原则。

**第五条** 国务院财政部门负责全国的彩票监督管理工作。国务院民政部门、体育行政部门按照各自的职责分别负责全国的福利彩票、体育彩票管理工作。

省、自治区、直辖市人民政府财政部门负责本行政区域的彩票监督管理工作。省、自治区、直辖市人民政府民政部门、体育行政部门按照各自的职责分别负责本行政区域的福利彩票、体育彩票管理工作。

县级以上各级人民政府公安机关和县级以上工商行政管理机关，在各自的职责范围内，依法查处非法彩票，维护彩票市场秩序。

## 第二章 彩票发行和销售管理

**第六条** 国务院民政部门、体育行政部门依法设立的福利彩票发行机构、体育彩票发行机构（以下简称彩票发行机构），分别负责全国的福利彩票、体育彩票发行和组织销售工作。

省、自治区、直辖市人民政府民政部门、体育行政部门依法设立的福利彩票销售机构、体育彩票销售机构（以下简称彩票销售机构），分别负责本行政区域的福利彩票、体育彩票销售工作。

**第七条** 彩票发行机构申请开设、停止福利彩票、体育彩票的具体品种（以下简称彩票品种）或者申请变更彩票品种审批事项的,应当依照本条例规定的程序报国务院财政部门批准。

国务院财政部门应当根据彩票市场健康发展的需要,按照合理规划彩票市场和彩票品种结构、严格控制彩票风险的原则,对彩票发行机构的申请进行审查。

**第八条** 彩票发行机构申请开设彩票品种,应当经国务院民政部门或者国务院体育行政部门审核同意,向国务院财政部门提交下列申请材料:

(一)申请书;

(二)彩票品种的规则;

(三)发行方式、发行范围;

(四)市场分析报告及技术可行性分析报告;

(五)开奖、兑奖操作规程;

(六)风险控制方案。

国务院财政部门应当自受理申请之日起90个工作日内,通过专家评审、听证会等方式对开设彩票品种听取社会意见,对申请进行审查并作出书面决定。

**第九条** 彩票发行机构申请变更彩票品种的规则、发行方式、发行范围等审批事项的,应当经国务院民政部门或者国务院体育行政部门审核同意,向国务院财政部门提出申请并提交与变更事项有关的材料。国务院财政部门应当自受理申请之日起45个工作日内,对申请进行审查并作出书面决定。

**第十条** 彩票发行机构申请停止彩票品种的,应当经国务院民政部门或者国务院体育行政部门审核同意,向国务院财政部门提出书面申请并提交与停止彩票品种有关的材料。国务院财政部门应当自受理申请之日起10个工作日内，对申请进行审查并作出书面决定。

第十一条 经批准开设、停止彩票品种或者变更彩票品种审批事项的，彩票发行机构应当在开设、变更、停止的10个自然日前，将有关信息向社会公告。

第十二条 因维护社会公共利益的需要，在紧急情况下，国务院财政部门可以采取必要措施，决定变更彩票品种审批事项或者停止彩票品种。

第十三条 彩票发行机构、彩票销售机构应当依照政府采购法律、行政法规的规定，采购符合标准的彩票设备和技术服务。

彩票设备和技术服务的标准，由国务院财政部门会同国务院民政部门、体育行政部门依照国家有关标准化法律、行政法规的规定制定。

第十四条 彩票发行机构、彩票销售机构应当建立风险管理体系和可疑资金报告制度，保障彩票发行、销售的安全。

彩票发行机构、彩票销售机构负责彩票销售系统的数据管理、开奖兑奖管理以及彩票资金的归集管理，不得委托他人管理。

第十五条 彩票发行机构、彩票销售机构可以委托单位、个人代理销售彩票。彩票发行机构、彩票销售机构应当与接受委托的彩票代销者签订彩票代销合同。福利彩票、体育彩票的代销合同示范文本分别由国务院民政部门、体育行政部门制定。

彩票代销者不得委托他人代销彩票。

**第十六条** 彩票销售机构应当为彩票代销者配置彩票投注专用设备。彩票投注专用设备属于彩票销售机构所有，彩票代销者不得转借、出租、出售。

**第十七条** 彩票销售机构应当在彩票发行机构的指导下，统筹规划彩票销售场所的布局。彩票销售场所应当按照彩票发行机构的统一要求，设置彩票销售标识，张贴警示标语。

**第十八条** 彩票发行机构、彩票销售机构、彩票代销者不得有下列行为：

（一）进行虚假性、误导性宣传；

（二）以诋毁同业者等手段进行不正当竞争；

（三）向未成年人销售彩票；

（四）以赊销或者信用方式销售彩票。

**第十九条** 需要销毁彩票的，由彩票发行机构报国务院财政部门批准后，在国务院民政部门或者国务院体育行政部门的监督下销毁。

**第二十条** 彩票发行机构、彩票销售机构应当及时将彩票发行、销售情况向社会全面公布，接受社会公众的监督。

## 第三章　彩票开奖和兑奖管理

**第二十一条** 彩票发行机构、彩票销售机构应当按照批准的彩票品种的规则和开奖操作规程开奖。

国务院民政部门、体育行政部门和省、自治区、直辖市人民政府民政部门、体育行政部门应当加强对彩票开奖活动的监督,确保彩票开奖的公开、公正。

第二十二条 彩票发行机构、彩票销售机构应当确保彩票销售数据的完整、准确和安全。当期彩票销售数据封存后至开奖活动结束前,不得查阅、变更或者删除销售数据。

第二十三条 彩票发行机构、彩票销售机构应当加强对开奖设备的管理,确保开奖设备正常运行,并配置备用开奖设备。

第二十四条 彩票发行机构、彩票销售机构应当在每期彩票销售结束后,及时向社会公布当期彩票的销售情况和开奖结果。

第二十五条 彩票中奖者应当自开奖之日起 60 个自然日内,持中奖彩票到指定的地点兑奖,彩票品种的规则规定需要出示身份证件的,还应当出示本人身份证件。逾期不兑奖的视为弃奖。

禁止使用伪造、变造的彩票兑奖。

第二十六条 彩票发行机构、彩票销售机构、彩票代销者应当按照彩票品种的规则和兑奖操作规程兑奖。

彩票中奖奖金应当以人民币现金或者现金支票形式一次性兑付。

不得向未成年人兑奖。

第二十七条 彩票发行机构、彩票销售机构、彩票代销者以及其他因职务或者业务便利知悉彩票中奖者个人信息的人员,应当对彩票中奖者个人信息予以保密。

## 第四章 彩票资金管理

**第二十八条** 彩票资金包括彩票奖金、彩票发行费和彩票公益金。彩票资金构成比例由国务院决定。

彩票品种中彩票资金的具体构成比例,由国务院财政部门按照国务院的决定确定。

随着彩票发行规模的扩大和彩票品种的增加,可以降低彩票发行费比例。

**第二十九条** 彩票发行机构、彩票销售机构应当按照国务院财政部门的规定开设彩票资金账户,用于核算彩票资金。

**第三十条** 国务院财政部门和省、自治区、直辖市人民政府财政部门应当建立彩票发行、销售和资金管理信息系统,及时掌握彩票销售和资金流动情况。

**第三十一条** 彩票奖金用于支付彩票中奖者。彩票单注奖金的最高限额,由国务院财政部门根据彩票市场发展情况决定。

逾期未兑奖的奖金,纳入彩票公益金。

**第三十二条** 彩票发行费专项用于彩票发行机构、彩票销售机构的业务费用支出以及彩票代销者的销售费用支出。

彩票发行机构、彩票销售机构的业务费实行收支两条线管理,其支出应当符合彩票发行机构、彩票销售机构财务管理制度。

**第三十三条** 彩票公益金专项用于社会福利、体育等社会公益事业,不用于平衡财政一般预算。

彩票公益金按照政府性基金管理办法纳入预算,实行收支两条线管理。

**第三十四条** 彩票发行机构、彩票销售机构应当按照国务院财政部门的规定,及时上缴彩票公益金和彩票发行费中的业务费,不得截留或者挪作他用。财政部门应当及时核拨彩票发行机构、彩票销售机构的业务费。

**第三十五条** 彩票公益金的分配政策,由国务院财政部门会同国务院民政、体育行政等有关部门提出方案,报国务院批准后执行。

**第三十六条** 彩票发行费、彩票公益金的管理、使用单位,应当依法接受财政部门、审计机关和社会公众的监督。

彩票公益金的管理、使用单位,应当每年向社会公告公益金的使用情况。

**第三十七条** 国务院财政部门和省、自治区、直辖市人民政府财政部门应当每年向本级人民政府报告上年度彩票公益金的筹集、分配和使用情况,并向社会公告。

# 第五章 法律责任

**第三十八条** 违反本条例规定,擅自发行、销售彩票,或者在中华人民共和国境内发行、销售境外彩票构成犯罪的,依法追究刑事责任;尚不构成犯罪的,由公安机关依法给予治安管理处罚;有违法所得的,没收违法所得。

**第三十九条** 彩票发行机构、彩票销售机构有下列行为之一的,由财政部门责令停业整顿;有违法所得的,没收违法所得,并处违法所得3倍的罚款;对直接负责的主管人员和其他直接责任人员,依法给予处分;构成犯罪的,依法追究刑事责任:

(一)未经批准开设、停止彩票品种或者未经批准变更彩票品种审批事项的;

(二)未按批准的彩票品种的规则、发行方式、发行范围、开奖兑奖操作规程发行、销售彩票或者开奖兑奖的;

(三)将彩票销售系统的数据管理、开奖兑奖管理或者彩票资金的归集管理委托他人管理的;

(四)违反规定查阅、变更、删除彩票销售数据的;

(五)以赊销或者信用方式销售彩票的;

(六)未经批准销毁彩票的;

(七)截留、挪用彩票资金的。

**第四十条** 彩票发行机构、彩票销售机构有下列行为之一的,由财政部门责令改正;有违法所得的,没收违法所得;对直接负责的主管人员和其他直接责任人员,依法给予处分:

(一)采购不符合标准的彩票设备或者技术服务的;

(二)进行虚假性、误导性宣传的;

(三)以诋毁同业者等手段进行不正当竞争的;

（四）向未成年人销售彩票的；

（五）泄露彩票中奖者个人信息的；

（六）未将逾期未兑奖的奖金纳入彩票公益金的；

（七）未按规定上缴彩票公益金、彩票发行费中的业务费的。

**第四十一条** 彩票代销者有下列行为之一的，由民政部门、体育行政部门责令改正，处2000元以上1万元以下罚款；有违法所得的，没收违法所得：

（一）委托他人代销彩票或者转借、出租、出售彩票投注专用设备的；

（二）进行虚假性、误导性宣传的；

（三）以诋毁同业者等手段进行不正当竞争的；

（四）向未成年人销售彩票的；

（五）以赊销或者信用方式销售彩票的。

彩票代销者有前款行为受到处罚的，彩票发行机构、彩票销售机构有权解除彩票代销合同。

**第四十二条** 伪造、变造彩票或使用伪造、变造的彩票兑奖的，依法给予治安管理处罚；构成犯罪的，依法追究刑事责任。

**第四十三条** 彩票公益金管理、使用单位违反彩票公益金管理、使用规定的，由财政部门责令限期改正；有违法所得的，没收违法所得；在规定期限内不改正的，没收已使用彩票公益金形成的资产，取消其彩票公益金使用资格。

**第四十四条** 依照本条例的规定履行彩票管理职责的财政

部门、民政部门、体育行政部门的工作人员，在彩票监督管理活动中滥用职权、玩忽职守、徇私舞弊，构成犯罪的，依法追究刑事责任；尚不构成犯罪的，依法给予处分。

## 第六章 附 则

**第四十五条** 本条例自2009年7月1日起施行。

# 事业单位会计准则

2012年12月6日　中华人民共和国财政部令第72号

## 第一章　总　　则

**第一条**　为了规范事业单位的会计核算，保证会计信息质量，促进公益事业健康发展，根据《中华人民共和国会计法》等有关法律、行政法规，制定本准则。

**第二条**　本准则适用于各级各类事业单位。

**第三条**　事业单位会计制度、行业事业单位会计制度（以下统称会计制度）等，由财政部根据本准则制定。

**第四条**　事业单位会计核算的目标是向会计信息使用者提供与事业单位财务状况、事业成果、预算执行等有关的会计信息，反映事业单位受托责任的履行情况，有助于会计信息使用者进行社会管理、作出经济决策。

事业单位会计信息使用者包括政府及其有关部门、举办

（上级）单位、债权人、事业单位自身和其他利益相关者。

**第五条** 事业单位应当对其自身发生的经济业务或者事项进行会计核算。

**第六条** 事业单位会计核算应当以事业单位各项业务活动持续正常地进行为前提。

**第七条** 事业单位应当划分会计期间，分期结算账目和编制财务会计报告（又称财务报告，下同）。

会计期间至少分为年度和月度。会计年度、月度等会计期间的起讫日期采用公历日期。

**第八条** 事业单位会计核算应当以人民币作为记账本位币。发生外币业务时，应当将有关外币金额折算为人民币金额计量。

**第九条** 事业单位会计核算一般采用收付实现制；部分经济业务或者事项采用权责发生制核算的，由财政部在会计制度中具体规定。

行业事业单位的会计核算采用权责发生制的，由财政部在相关会计制度中规定。

**第十条** 事业单位会计要素包括资产、负债、净资产、收入、支出或者费用。

**第十一条** 事业单位应当采用借贷记账法记账。

# 第二章 会计信息质量要求

**第十二条** 事业单位应当以实际发生的经济业务或者事项

为依据进行会计核算,如实反映各项会计要素的情况和结果,保证会计信息真实可靠。

**第十三条** 事业单位应当将发生的各项经济业务或者事项统一纳入会计核算,确保会计信息能够全面反映事业单位的财务状况、事业成果、预算执行等情况。

**第十四条** 事业单位对于已经发生的经济业务或者事项,应当及时进行会计核算,不得提前或者延后。

**第十五条** 事业单位提供的会计信息应当具有可比性。

同一事业单位不同时期发生的相同或者相似的经济业务或者事项,应当采用一致的会计政策,不得随意变更。确需变更的,应当将变更的内容、理由和对单位财务状况及事业成果的影响在附注中予以说明。

同类事业单位中不同单位发生的相同或者相似的经济业务或者事项,应当采用统一的会计政策,确保同类单位会计信息口径一致,相互可比。

**第十六条** 事业单位提供的会计信息应当与事业单位受托责任履行情况的反映、会计信息使用者的管理、决策需要相关,有助于会计信息使用者对事业单位过去、现在或者未来的情况作出评价或者预测。

**第十七条** 事业单位提供的会计信息应当清晰明了,便于会计信息使用者理解和使用。

# 第三章 资　　产

**第十八条** 资产是指事业单位占有或者使用的能以货币计

量的经济资源，包括各种财产、债权和其他权利。

**第十九条** 事业单位的资产按照流动性，分为流动资产和非流动资产。

流动资产是指预计在1年内（含1年）变现或者耗用的资产。

非流动资产是指流动资产以外的资产。

**第二十条** 事业单位的流动资产包括货币资金、短期投资、应收及预付款项、存货等。

货币资金包括库存现金、银行存款、零余额账户用款额度等。

短期投资是指事业单位依法取得的，持有时间不超过1年（含1年）的投资。

应收及预付款项是指事业单位在开展业务活动中形成的各项债权，包括财政应返还额度、应收票据、应收账款、其他应收款等应收款项和预付账款。

存货是指事业单位在开展业务活动及其他活动中为耗用而储存的资产，包括材料、燃料、包装物和低值易耗品等。

**第二十一条** 事业单位的非流动资产包括长期投资、在建工程、固定资产、无形资产等。

长期投资是指事业单位依法取得的，持有时间超过1年（不含1年）的各种股权和债权性质的投资。

在建工程是指事业单位已经发生必要支出，但尚未完工交付使用的各种建筑（包括新建、改建、扩建、修缮等）和设备安装工程。

固定资产是指事业单位持有的使用期限超过1年（不含1年），单位价值在规定标准以上，并在使用过程中基本保持原有物质形态的资产，包括房屋及构筑物、专用设备、通用设备等。单位价值虽未达到规定标准，但是耐用时间超过1年（不含1年）的大批同类物资，应当作为固定资产核算。

无形资产是指事业单位持有的没有实物形态的可辨认非货币性资产，包括专利权、商标权、著作权、土地使用权、非专利技术等。

**第二十二条** 事业单位的资产应当按照取得时的实际成本进行计量。除国家另有规定外，事业单位不得自行调整其账面价值。

应收及预付款项应当按照实际发生额计量。

以支付对价方式取得的资产，应当按照取得资产时支付的现金或者现金等价物的金额，或者按照取得资产时所付出的非货币性资产的评估价值等金额计量。

取得资产时没有支付对价的，其计量金额应当按照有关凭据注明的金额加上相关税费、运输费等确定；没有相关凭据的，其计量金额比照同类或类似资产的市场价格加上相关税费、运输费等确定；没有相关凭据、同类或类似资产的市场价格也无法可靠取得的，所取得的资产应当按照名义金额入账。

**第二十三条** 事业单位对固定资产计提折旧、对无形资产进行摊销的，由财政部在相关财务会计制度中规定。

# 第四章 负 债

**第二十四条** 负债是指事业单位所承担的能以货币计量，需要以资产或者劳务偿还的债务。

**第二十五条** 事业单位的负债按照流动性，分为流动负债和非流动负债。

流动负债是指预计在1年内（含1年）偿还的负债。

非流动负债是指流动负债以外的负债。

**第二十六条** 事业单位的流动负债包括短期借款、应付及预收款项、应付职工薪酬、应缴款项等。

短期借款是指事业单位借入的期限在1年内（含1年）的各种借款。

应付及预收款项是指事业单位在开展业务活动中发生的各项债务，包括应付票据、应付账款、其他应付款等应付款项和预收账款。

应付职工薪酬是指事业单位应付未付的职工工资、津贴补贴等。

应缴款项是指事业单位应缴未缴的各种款项，包括应当上缴国库或者财政专户的款项、应缴税费，以及其他按照国家有关规定应当上缴的款项。

**第二十七条** 事业单位的非流动负债包括长期借款、长期应付款等。

长期借款是指事业单位借入的期限超过1年（不含1年）的各种借款。

长期应付款是指事业单位发生的偿还期限超过1年（不含1年）的应付款项，主要指事业单位融资租入固定资产发生的应付租赁款。

第二十八条　事业单位的负债应当按照合同金额或实际发生额进行计量。

## 第五章　净　资　产

第二十九条　净资产是指事业单位资产扣除负债后的余额。

第三十条　事业单位的净资产包括事业基金、非流动资产基金、专用基金、财政补助结转结余、非财政补助结转结余等。

事业基金是指事业单位拥有的非限定用途的净资产，其来源主要为非财政补助结余扣除结余分配后滚存的金额。

非流动资产基金是指事业单位非流动资产占用的金额。

专用基金是指事业单位按规定提取或者设置的具有专门用途的净资产。

财政补助结转结余是指事业单位各项财政补助收入与其相关支出相抵后剩余滚存的、须按规定管理和使用的结转和结余资金。

非财政补助结转结余是指事业单位除财政补助收支以外的各项收入与各项支出相抵后的余额。其中,非财政补助结转是指事业单位除财政补助收支以外的各专项资金收入与其相关支出相抵后剩余滚存的、须按规定用途使用的结转资金;非财政补助结余是指事业单位除财政补助收支以外的各非专项资金收入与各非专项资金支出相抵后的余额。

第三十一条 事业基金、非流动资产基金、专用基金、财政补助结转结余、非财政补助结转结余等净资产项目应当分项列入资产负债表。

## 第六章 收 入

第三十二条 收入是指事业单位开展业务及其他活动依法取得的非偿还性资金。

第三十三条 事业单位的收入包括财政补助收入、事业收入、上级补助收入、附属单位上缴收入、经营收入和其他收入等。

财政补助收入是指事业单位从同级财政部门取得的各类财政拨款,包括基本支出补助和项目支出补助。

事业收入是指事业单位开展专业业务活动及其辅助活动取得的收入。其中:按照国家有关规定应当上缴国库或者财政专户的资金,不计入事业收入;从财政专户核拨给事业单位的资金和经核准不上缴国库或者财政专户的资金,计入事业收入。

上级补助收入是指事业单位从主管部门和上级单位取得的非财政补助收入。

附属单位上缴收入是指事业单位附属独立核算单位按照有关规定上缴的收入。

经营收入是指事业单位在专业业务活动及其辅助活动之外开展非独立核算经营活动取得的收入。

其他收入是指财政补助收入、事业收入、上级补助收入、附属单位上缴收入和经营收入以外的各项收入，包括投资收益、利息收入、捐赠收入等。

第三十四条　事业单位的收入一般应当在收到款项时予以确认，并按照实际收到的金额进行计量。

采用权责发生制确认的收入，应当在提供服务或者发出存货，同时收讫价款或者取得索取价款的凭据时予以确认，并按照实际收到的金额或者有关凭据注明的金额进行计量。

# 第七章　支出或者费用

第三十五条　支出或者费用是指事业单位开展业务及其他活动发生的资金耗费和损失。

第三十六条　事业单位的支出或者费用包括事业支出、对附属单位补助支出、上缴上级支出、经营支出和其他支出等。

事业支出是指事业单位开展专业业务活动及其辅助活动发生的基本支出和项目支出。

对附属单位补助支出是指事业单位用财政补助收入之外的收入对附属单位补助发生的支出。

上缴上级支出是指事业单位按照财政部门和主管部门的规定上缴上级单位的支出。

经营支出是指事业单位在专业业务活动及其辅助活动之外开展非独立核算经营活动发生的支出。

其他支出是指事业支出、对附属单位补助支出、上缴上级支出和经营支出以外的各项支出,包括利息支出、捐赠支出等。

第三十七条　事业单位开展非独立核算经营活动的,应当正确归集开展经营活动发生的各项费用数;无法直接归集的,应当按照规定的标准或比例合理分摊。

事业单位的经营支出与经营收入应当配比。

第三十八条　事业单位的支出一般应当在实际支付时予以确认,并按照实际支付金额进行计量。

采用权责发生制确认的支出或者费用,应当在其发生时予以确认,并按照实际发生额进行计量。

# 第八章　财务会计报告

第三十九条　财务会计报告是反映事业单位某一特定日期的财务状况和某一会计期间的事业成果、预算执行等会计信息的文件。

**第四十条** 事业单位的财务会计报告包括财务报表和其他应当在财务会计报告中披露的相关信息和资料。

**第四十一条** 财务报表是对事业单位财务状况、事业成果、预算执行情况等的结构性表述。财务报表由会计报表及其附注构成。

会计报表至少应当包括下列组成部分：

（一）资产负债表；

（二）收入支出表或者收入费用表；

（三）财政补助收入支出表。

**第四十二条** 资产负债表是指反映事业单位在某一特定日期的财务状况的报表。

资产负债表应当按照资产、负债和净资产分类列示。资产和负债应当分别流动资产和非流动资产、流动负债和非流动负债列示。

**第四十三条** 收入支出表或者收入费用表是指反映事业单位在某一会计期间的事业成果及其分配情况的报表。

收入支出表或者收入费用表应当按照收入、支出或者费用的构成和非财政补助结余分配情况分项列示。

**第四十四条** 财政补助收入支出表是指反映事业单位在某一会计期间财政补助收入、支出、结转及结余情况的报表。

**第四十五条** 附注是指对在会计报表中列示项目的文字描述或明细资料，以及对未能在会计报表中列示项目的说明等。

附注至少应当包括下列内容：

（一）遵循事业单位会计准则、事业单位会计制度（行业事业单位会计制度）的声明；

（二）会计报表中列示的重要项目的进一步说明，包括其主要构成、增减变动情况等；

（三）有助于理解和分析会计报表需要说明的其他事项。

**第四十六条** 事业单位财务报表应当根据登记完整、核对无误的账簿记录和其他有关资料编制，做到数字真实、计算准确、内容完整、报送及时。

## 第九章　附　　　则

**第四十七条** 纳入企业财务管理体系的事业单位执行《企业会计准则》或《小企业会计准则》。

**第四十八条** 参照公务员法管理的事业单位对本准则的适用，由财政部另行规定。

**第四十九条** 本准则自 2013 年 1 月 1 日起施行。1997 年 5 月 28 日财政部印发的《事业单位会计准则（试行）》（财预字〔1997〕286 号）同时废止。

# 彩票管理条例实施细则

2012年1月18日 中华人民共和国财政部
中华人民共和国民政部 国家体育总局令第67号

## 第一章 总 则

**第一条** 根据《彩票管理条例》（以下简称条例），制定本细则。

**第二条** 条例第二条所称特定规则，是指经财政部批准的彩票游戏规则。

条例第二条所称凭证，是指证明彩票销售与购买关系成立的专门凭据，应当记载彩票游戏名称，购买数量和金额，数字、符号或者图案，开奖和兑奖等相关信息。

**第三条** 财政部负责全国的彩票监督管理工作，主要职责是：

（一）制定彩票监督管理制度和政策；

（二）监督管理全国彩票市场以及彩票的发行和销售活动，

监督彩票资金的解缴和使用；

（三）会同民政部、国家体育总局等有关部门提出彩票公益金分配政策建议；

（四）审批彩票品种的开设、停止和有关审批事项的变更；

（五）会同民政部、国家体育总局制定彩票设备和技术服务标准；

（六）审批彩票发行机构财务收支计划，监督彩票发行机构财务管理活动；

（七）审批彩票发行机构的彩票销毁方案。

**第四条** 民政部、国家体育总局按照各自的职责分别负责全国的福利彩票、体育彩票管理工作，主要职责是：

（一）制定全国福利彩票、体育彩票事业的发展规划和管理制度；

（二）设立福利彩票、体育彩票发行机构；

（三）制定民政部门、体育行政部门彩票公益金使用管理办法，指导地方民政部门、体育行政部门彩票公益金的使用和管理；

（四）审核福利彩票、体育彩票品种的开设、停止和有关审批事项的变更；

（五）监督福利彩票、体育彩票发行机构的彩票销毁工作；

（六）制定福利彩票、体育彩票的代销合同示范文本。

**第五条** 省级财政部门负责本行政区域的彩票监督管理工作，主要职责是：

（一）制定本行政区域的彩票监督管理具体实施办法，审核本行政区域的彩票销售实施方案；

（二）监督管理本行政区域彩票市场以及彩票的销售活动，监督本行政区域彩票资金的解缴和使用；

（三）会同省级民政部门、体育行政部门制定本行政区域的彩票公益金管理办法；

（四）审批彩票销售机构财务收支计划，监督彩票销售机构财务管理活动。

**第六条** 省级民政部门、体育行政部门按照各自的职责分别负责本行政区域的福利彩票、体育彩票管理工作，主要职责是：

（一）设立本行政区域的福利彩票、体育彩票销售机构；

（二）批准建立本行政区域福利彩票、体育彩票的销售网络；

（三）制定本行政区域民政部门、体育行政部门彩票公益金使用管理办法，指导省以下民政部门、体育行政部门彩票公益金的使用和管理；

（四）监督本行政区域彩票代销者的代销行为。

**第七条** 条例第五条所称非法彩票，是指违反条例规定以任何方式发行、销售以下形式的彩票：

（一）未经国务院特许，擅自发行、销售福利彩票、体育彩票之外的其他彩票；

（二）在中华人民共和国境内，擅自发行、销售的境外彩票；

（三）未经财政部批准，擅自发行、销售的福利彩票、体育彩票品种和彩票游戏；

（四）未经彩票发行机构、彩票销售机构委托，擅自销售的福利彩票、体育彩票。

县级以上财政部门、民政部门、体育行政部门，以及彩票发行机构、彩票销售机构，应当积极配合公安机关和工商行政管理机关依法查处非法彩票，维护彩票市场秩序。

## 第二章　彩票发行和销售管理

**第八条**　福利彩票发行机构、体育彩票发行机构，按照统一发行、统一管理、统一标准的原则，分别负责全国的福利彩票、体育彩票发行和组织销售工作，主要职责是：

（一）制定全国福利彩票、体育彩票发行销售的发展规划、管理制度、工作规范和技术标准等；

（二）建立全国福利彩票、体育彩票的发行销售系统、市场调控机制、激励约束机制和监督管理机制；

（三）组织彩票品种的研发，申请开设、停止彩票品种或者变更彩票品种审批事项，经批准后组织实施；

（四）负责组织管理全国福利彩票、体育彩票的销售系统数据、资金归集结算、设备和技术服务、销售渠道和场所规划、印制和物流、开奖兑奖、彩票销毁；

（五）负责组织管理全国福利彩票、体育彩票的形象建设、彩票代销、营销宣传、业务培训、人才队伍建设等工作。

**第九条** 福利彩票销售机构、体育彩票销售机构，在福利彩票发行机构、体育彩票发行机构的统一组织下，分别负责本行政区域的福利彩票、体育彩票销售工作，主要职责是：

（一）制定本行政区域福利彩票、体育彩票销售管理办法和工作规范；

（二）向彩票发行机构提出停止彩票品种或者变更彩票品种审批事项的建议；

（三）向同级财政部门提出本行政区域彩票销售实施方案，经审核后组织实施；

（四）负责本行政区域福利彩票、体育彩票销售系统的建设、运营和维护；

（五）负责实施本行政区域福利彩票、体育彩票的销售系统数据管理、资金归集结算、销售渠道和场所规划、物流管理、开奖兑奖；

（六）负责组织实施本行政区域福利彩票、体育彩票的形象建设、彩票代销、营销宣传、业务培训、人才队伍建设等工作。

**第十条** 各省、自治区、直辖市福利彩票、体育彩票的销售网络，由福利彩票销售机构、体育彩票销售机构提出方案，分别报省级民政部门、体育行政部门批准后建立。

**第十一条** 条例第七条所称彩票品种，是指按照彩票游戏机理和特征划分的彩票类型，包括乐透型、数字型、竞猜型、传统型、即开型、视频型、基诺型等。

条例第七条所称开设，是指在已发行销售的彩票品种之外，增加新的品种。

条例第七条所称变更，是指在已发行销售的彩票品种之内，对彩票游戏规则、发行方式、发行范围等事项进行调整。

**第十二条** 彩票发行机构申请开设彩票品种，或者申请变更彩票品种审批事项涉及对技术方案进行重大调整的，应当委托专业检测机构进行技术检测。

**第十三条** 对彩票发行机构申请开设彩票品种的审查，按照以下程序办理：

（一）彩票发行机构将拟开设彩票品种的申请材料报民政部或者国家体育总局进行审核；

（二）民政部或者国家体育总局审核同意后，彩票发行机构向财政部提交申请材料；

（三）财政部自收到申请材料之日起10个工作日之内，对申请材料进行初步审核，并出具受理或者不予受理意见书；

（四）受理申请后，财政部通过专家评审、听证会等方式听取社会意见；

（五）财政部自受理申请之日起90个工作日内，根据条例、有关彩票管理的制度规定以及社会意见作出书面决定。

**第十四条** 彩票发行机构申请变更彩票品种审批事项的，应当向财政部提交下列申请材料：

（一）申请书；

（二）拟变更彩票品种审批事项的具体内容，包括对彩票游戏规则、发行方式、发行范围等的具体调整方案；

（三）对变更彩票品种审批事项的市场分析报告；

（四）财政部要求报送的其他材料。

**第十五条** 对彩票发行机构申请变更彩票品种审批事项的审查，按照以下程序办理：

（一）彩票发行机构将拟变更彩票品种审批事项的申请材料报民政部或者国家体育总局进行审核；

（二）民政部或者国家体育总局审核同意后，彩票发行机构向财政部提交申请材料；

（三）财政部自收到申请材料之日起10个工作日之内，对申请材料进行初步审核，并出具受理或者不予受理意见书；

（四）财政部自受理申请之日起45个工作日内，根据条例、有关彩票管理的制度规定作出书面决定。

**第十六条** 彩票发行机构申请停止彩票品种或者彩票游戏，应当向财政部报送拟停止彩票品种或者彩票游戏上市以来的销售情况、奖池和调节基金余额、停止发行销售的理由等相关材料。

**第十七条** 对彩票发行机构申请停止彩票品种或者彩票游戏的审查，按照以下程序办理：

（一）彩票发行机构将拟停止彩票品种或者彩票游戏的申请材料报民政部或者国家体育总局进行审核；

（二）民政部或者国家体育总局审核同意后，彩票发行机构向财政部提交申请材料；

（三）财政部自收到申请材料之日起5个工作日之内，对申请材料进行初步审核，并出具受理或者不予受理意见书；

（四）财政部自受理申请之日起10个工作日内，根据条例、有关彩票管理的制度规定作出书面决定。

第十八条 彩票销售机构认为本行政区域内需要停止彩票品种或者彩票游戏、变更彩票品种审批事项的,经省级财政部门提出意见后可以向彩票发行机构提出书面申请建议。

第十九条 经批准开设彩票品种或者变更彩票品种审批事项的,彩票发行机构、彩票销售机构应当制定销售实施方案,报同级财政部门审核同意后组织上市销售。

第二十条 彩票发行机构、彩票销售机构开展派奖活动,由负责管理彩票游戏奖池的彩票发行机构或者彩票销售机构向同级财政部门提出申请,经批准后组织实施。

第二十一条 条例第十三条所称彩票设备和技术服务,根据彩票发行销售业务的专业性、市场性特点和彩票市场发展需要,分为专用的彩票设备和技术服务与通用的彩票设备和技术服务。

专用的彩票设备和技术服务包括:彩票投注专用设备,彩票开奖设备和服务,彩票发行销售信息技术系统的开发、集成、测试、运营及维护,彩票印制、仓储和运输,彩票营销策划和广告宣传,以及彩票技术和管理咨询等。

通用的彩票设备和技术服务包括:计算机、网络设备、打印机、复印机等通用硬件产品,数据库系统、软件工具等商业软件产品,以及工程建设等。

第二十二条 彩票发行机构、彩票销售机构采购彩票设备和技术服务,依照政府采购法及相关规定,以公开招标作为主要采购方式。经同级财政部门批准,彩票发行机构、彩票销售机构采购专用的彩票设备和技术服务,可以采用邀请招标、竞争性谈判、单一来源采购、询价或者国务院政府采购监督管理部门认定的其他采购方式。

第二十三条　彩票代销者应当具备以下条件:

(一) 年满18周岁且具有完全民事行为能力的个人,或者具有独立法人资格的单位;

(二) 有与从事彩票代销业务相适应的资金;

(三) 有满足彩票销售需要的场所;

(四) 近五年内无刑事处罚记录和不良商业信用记录;

(五) 彩票发行机构、彩票销售机构规定的其他条件。

第二十四条　彩票发行机构、彩票销售机构向社会征召彩票代销者和设置彩票销售场所,应当遵循以下原则:

(一) 统筹规划,合理布局;

(二) 公开公正,规范透明;

(三) 从优选择,兼顾公益。

第二十五条　彩票发行机构、彩票销售机构应当根据民政部、国家体育总局制定的彩票代销合同示范文本,与彩票代销者签订彩票代销合同。彩票代销合同应当包括以下内容:

(一) 委托方与受托方的姓名或者名称、住所及法定代表人姓名;

(二) 合同订立时间、地点、生效时间和有效期限;

(三) 委托方与受托方的权利和义务;

(四) 彩票销售场所的设立、迁移、暂停销售、撤销;

(五) 彩票投注专用设备的提供与管理;

（六）彩票资金的结算，以及销售费用、押金或者保证金的管理；

（七）不得向未成年人销售彩票和兑奖的约定；

（八）监督和违约责任；

（九）其他内容。

委托方与受托方应当遵守法律法规、规章制度和有关彩票管理政策，严格履行彩票代销合同。

**第二十六条** 签订彩票代销合同后，彩票发行机构、彩票销售机构应当向彩票代销者发放彩票代销证。福利彩票代销证、体育彩票代销证的格式分别由福利彩票发行机构、体育彩票发行机构制定。

彩票代销证应当置于彩票销售场所的显著位置。

彩票代销证是彩票代销者代理销售彩票的合法资格证明，不得转借、出租、出售。

**第二十七条** 彩票代销证应当记载以下事项：

（一）彩票代销证编号；

（二）彩票代销者的姓名或者名称、住所及法定代表人姓名；

（三）彩票销售场所地址；

（四）彩票代销证的有效期限；

（五）彩票发行机构规定的其他事项。

**第二十八条** 彩票发行机构、彩票销售机构应当对从事彩票代销业务的人员进行专业培训。

**第二十九条** 纸质即开型彩票的废票、尾票，应当定期销毁。

销毁彩票应当采用粉碎、打浆等方式。

**第三十条** 彩票发行机构申请销毁纸质即开型彩票的废票、尾票的,应当向财政部提出书面申请并提交拟销毁彩票的名称、面值、数量、金额,以及销毁时间、地点、方式等材料。

财政部应当自受理申请之日起 10 个工作日内,对申请进行审查并作出书面决定。

彩票发行机构应当自财政部作出书面决定之日起 30 个工作日内分别在民政部、国家体育总局的监督下销毁彩票,并于销毁后 20 个工作日内向财政部报送销毁情况报告。

**第三十一条** 彩票发行机构、彩票销售机构、彩票代销者在难以判断彩票购买者或者兑奖者是否为未成年人的情况下,可以要求彩票购买者或者兑奖者出示能够证明其年龄的有效身份证件。

**第三十二条** 彩票市场实行休市制度。休市期间,停止彩票的销售、开奖和兑奖。休市的彩票品种和具体时间由财政部向社会公告。

**第三十三条** 彩票发行机构、彩票销售机构应当于每年 5 月 31 日前,向社会公告上年度各彩票品种的销售量、中奖金额、奖池资金余额、调节基金余额等情况。

## 第三章 彩票开奖和兑奖管理

**第三十四条** 彩票发行机构、彩票销售机构应当向社会公告彩票游戏的开奖方式、开奖时间、开奖地点。

**第三十五条** 条例第二十二条所称开奖活动结束，是指彩票游戏的开奖号码全部摇出或者开奖结果全部产生。

通过专用摇奖设备确定开奖号码的，应当在当期彩票销售截止时封存彩票销售原始数据；通过专用电子摇奖设备或者根据体育比赛项目确定开奖号码的，应当定期封存彩票销售原始数据。

彩票销售原始数据保存期限，自封存之日起不得少于60个月。

**第三十六条** 民政部、国家体育总局和省级民政部门、体育行政部门应当制定福利彩票、体育彩票的开奖监督管理办法，加强对彩票开奖活动的监督。

**第三十七条** 彩票发行机构、彩票销售机构应当统一购置、直接管理开奖设备。

彩票发行机构、彩票销售机构不得将开奖设备转借、出租、出售。

**第三十八条** 彩票发行机构、彩票销售机构使用专用摇奖设备或者专用电子摇奖设备开奖的，开始摇奖前，应当对摇奖设备进行检测。摇奖设备进入正式摇奖程序后，不得中途暂停或者停止运行。

因设备、设施故障等造成摇奖中断的，已摇出的号码有效。未摇出的剩余号码，应当尽快排除故障后继续摇出；设备、设施故障等无法排除的，应当启用备用摇奖设备、设施继续摇奖。

摇奖活动结束后，彩票发行机构、彩票销售机构负责摇奖的工作人员应当对摇奖结果进行签字确认。签字确认文件保存期限不得少于60个月。

**第三十九条** 根据体育比赛结果进行开奖的彩票游戏，体育比赛裁定的比赛结果经彩票发行机构或者彩票销售机构依据彩票游戏规则确认后，作为开奖结果。

体育比赛因各种原因提前、推迟、中断、取消或者被认定为无效场次的，其开奖和兑奖按照经批准的彩票游戏规则执行。

**第四十条** 未按照彩票游戏规则和开奖操作规程进行的开奖活动及开奖结果无效。

因自然灾害等不可抗力事件导致不能按期开奖的，应当及时向社会公告后延期开奖；导致开奖中断的，已开出的号码有效，应当及时向社会公告后延期开出剩余号码。

**第四十一条** 彩票发行机构、彩票销售机构应当及时、准确、完整地向社会公告当期彩票销售和开奖情况，公告内容包括：

（一）彩票游戏名称，开奖日期或者期号；

（二）当期彩票销售金额；

（三）当期彩票开奖结果；

（四）奖池资金余额；

（五）兑奖期限。

**第四十二条** 彩票售出后出现下列情况的，不予兑奖：

（一）彩票因受损、玷污等原因导致无法正确识别的；

（二）纸质即开型彩票出现兑奖区覆盖层撕刮不开、无兑奖符号、保安区裸露等问题的。

不予兑奖的彩票如果是因印制、运输、仓储、销售原因造成的，彩票发行机构、彩票销售机构应当予以收回，并按彩票购买者意愿退还其购买该彩票所支付的款项或者更换同等金额彩票。

第四十三条　彩票中奖者应当自开奖之日起60个自然日内兑奖。最后一天为《全国年节及纪念日放假办法》规定的全体公民放假的节日或者彩票市场休市的，顺延至全体公民放假的节日后或者彩票市场休市结束后的第一个工作日。

第四十四条　彩票中奖奖金不得以人民币以外的其他货币兑付，不得以实物形式兑付，不得分期多次兑付。

第四十五条　彩票发行机构、彩票销售机构、彩票代销者及其工作人员不得违背彩票中奖者本人意愿，以任何理由和方式要求彩票中奖者捐赠中奖奖金。

# 第四章　彩票资金管理

第四十六条　条例第二十八条所称彩票资金，是指彩票销售实现后取得的资金，包括彩票奖金、彩票发行费、彩票公益金。

条例第二十八条所称彩票资金构成比例，是指彩票奖金、彩票发行费、彩票公益金占彩票资金的比重。

彩票机构会计制度

条例第二十八条所称彩票资金的具体构成比例,是指在彩票游戏规则中规定的,按照彩票销售额计提彩票奖金、彩票发行费、彩票公益金的具体比例。

**第四十七条** 彩票发行机构、彩票销售机构应当开设彩票资金专用账户,包括彩票资金归集结算账户、彩票投注设备押金或者保证金账户。

**第四十八条** 彩票奖金应当按照彩票游戏规则的规定支付给彩票中奖者。

彩票游戏单注奖金的最高限额,由财政部根据彩票市场发展情况在彩票游戏规则中规定。

**第四十九条** 彩票发行机构、彩票销售机构应当按照彩票游戏规则的规定设置奖池和调节基金。奖池和调节基金应当按照彩票游戏规则的规定分别核算和使用。

彩票发行机构、彩票销售机构应当设置一般调节基金。彩票游戏经批准停止销售后的奖池和调节基金结余,转入一般调节基金。

**第五十条** 经同级财政部门审核批准后,彩票发行机构、彩票销售机构开展彩票游戏派奖活动所需资金,可以从该彩票游戏的调节基金或者一般调节基金中支出。

不得使用奖池资金、业务费开展派奖活动。

**第五十一条** 条例第三十二条所称业务费,是指彩票发行机构、彩票销售机构按照彩票销售额一定比例提取的、专项用于彩票发行销售活动的经费。

**第五十二条** 彩票发行机构、彩票销售机构的业务费提取比例，由彩票发行机构、彩票销售机构根据彩票市场发展需要提出方案，报同级民政部门或者体育行政部门商同级财政部门核定后执行。

**第五十三条** 彩票发行机构、彩票销售机构的业务费由彩票发行机构、彩票销售机构按月缴入中央财政专户和省级财政专户，实行收支两条线管理。

彩票代销者的销售费用，由彩票发行机构、彩票销售机构与彩票代销者按照彩票代销合同的约定进行结算。

**第五十四条** 彩票发行机构、彩票销售机构应当根据彩票市场发展情况和发行销售业务需要，编制年度财务收支计划，报同级财政部门审核批准后执行。

财政部和省级财政部门应当按照国家有关规定审核批准彩票发行机构、彩票销售机构的年度财务收支计划，并根据其业务开支需要和业务费缴纳情况及时拨付资金。

未拨付的彩票发行机构、彩票销售机构的业务费，用于弥补彩票发行机构、彩票销售机构的收支差额，不得用于平衡财政一般预算或者其他支出。

**第五十五条** 彩票销售机构的业务费实行省级集中统一管理，由福利彩票销售机构、体育彩票销售机构按照省级财政部门审核批准的年度财务收支计划，分别统筹安排用于本行政区域内福利彩票、体育彩票的销售工作。

**第五十六条** 彩票发行机构、彩票销售机构应当在业务费中提取彩票发行销售风险基金、彩票兑奖周转金。

彩票发行销售风险基金专项用于因彩票市场变化或者不可

抗力事件等造成的彩票发行销售损失支出。彩票兑奖周转金专项用于向彩票中奖者兑付奖金的周转支出。

**第五十七条** 彩票公益金按照政府性基金管理办法纳入预算，实行收支两条线管理，专项用于社会福利、体育等社会公益事业，结余结转下年继续使用，不得用于平衡财政一般预算。

**第五十八条** 彩票公益金按照国务院批准的分配政策在中央与地方之间分配，由彩票销售机构分别上缴中央财政和省级财政。

上缴中央财政的彩票公益金，由财政部驻各省、自治区、直辖市财政监察专员办事处就地征收；上缴省级财政的彩票公益金，由省级财政部门负责征收。

**第五十九条** 逾期未兑奖的奖金纳入彩票公益金，由彩票销售机构结算归集后上缴省级财政，全部留归地方使用。

**第六十条** 中央和省级彩票公益金的管理、使用单位，应当会同同级财政部门制定彩票公益金资助项目实施管理办法。

彩票公益金的管理、使用单位，应当及时向社会进行公告或者发布消息，依法接受财政部门、审计部门和社会公众的监督。

彩票公益金资助的基本建设设施、设备或者社会公益活动，应当以显著方式标明彩票公益金资助标识。

**第六十一条** 财政部应当每年向社会公告上年度全国彩票公益金的筹集、分配和使用情况。省级财政部门应当每年向社会公告上年度本行政区域彩票公益金的筹集、分配和使用情况。

中央和地方各级彩票公益金的管理、使用单位,应当每年向社会公告上年度彩票公益金的使用规模、资助项目和执行情况等。

## 第五章　法　律　责　任

第六十二条　彩票发行机构、彩票销售机构有下列行为之一的,由财政部门责令改正;对直接负责的主管人员和其他直接责任人员,建议所在单位或者主管部门给予相应的处分:

(一)违反彩票销售原始数据、彩票开奖设备管理规定的;

(二)违反彩票发行销售风险基金、彩票兑奖周转金或者彩票游戏的奖池资金、调节基金以及一般调节基金管理规定的;

(三)未按批准的销毁方式、期限销毁彩票的;

(四)未按规定向社会公告相关信息的;

(五)使用奖池资金、业务费开展派奖活动的;

(六)未以人民币现金或者现金支票形式一次性兑奖的。

第六十三条　彩票代销者有下列行为之一的,由民政部门、体育行政部门责令改正;情节严重的,责成彩票发行机构、彩票销售机构解除彩票代销合同:

（一）转借、出租、出售彩票代销证的；

（二）未以人民币现金或者现金支票形式一次性兑奖的。

# 第六章 附 则

**第六十四条** 本细则自 2012 年 3 月 1 日起施行。

# 彩票机构财务管理办法

2012年11月6日　财综〔2012〕89号

## 第一章　总　　则

**第一条**　为了规范彩票机构财务行为，加强彩票机构财务管理和监督，提高资金使用效益，保障彩票事业健康发展，根据《彩票管理条例》（国务院令第554号）、《彩票管理条例实施细则》（财政部　民政部　国家体育总局令第67号）和《事业单位财务规则》（财政部令第68号）等规定，结合彩票发行销售业务特点，制定本办法。

**第二条**　依法设立的彩票机构的财务活动适用本办法。本办法所称彩票机构是指福利彩票发行机构、体育彩票发行机构（以下简称彩票发行机构）和福利彩票销售机构、体育彩票销售机构（以下简称彩票销售机构）。

**第三条**　彩票机构财务管理的基本原则是：执行国家有关法律、法规和财务规章制度；遵循彩票市场发展客观规律和彩票发行销售业务特点；坚持勤俭办事业的方针；正确处理事业

彩票机构会计制度

发展需要和资金供给的关系，社会效益和经济效益的关系，国家、单位和个人三者利益的关系。

第四条　彩票机构财务管理的主要任务是：合理编制彩票机构年度预算，真实反映其财务状况；按照规定归集、结算、解缴、划拨彩票资金，保证彩票发行销售正常进行；依法组织收入，努力节约支出，切实降低彩票发行销售成本；建立健全财务制度，加强经济核算，实施绩效评价，提高资金使用效益；加强资产管理，合理配置和有效利用国有资产，防止资产流失；加强对彩票发行销售和彩票机构经济活动的财务控制及监督，防范财务风险；参与本单位重大经济决策和对外签订经济合同等事项。

第五条　彩票机构的财务活动在单位负责人的领导下，由单位财务部门统一管理。

## 第二章　彩票资金归集与分配

第六条　彩票资金是指彩票销售实现后取得的资金，包括彩票奖金、彩票发行费和彩票公益金，具体提取比例按照彩票游戏规则的有关规定执行。

第七条　彩票机构应当按照彩票品种和游戏、彩票发行销售方式归集彩票资金。

第八条　彩票奖金是指彩票机构按彩票游戏规则确定的比例从彩票销售额中提取，用于支付给彩票中奖者的资金，包括当期返奖奖金和调节基金。

彩票机构应当将彩票奖金存放到指定的银行账户,确保资金安全。

彩票奖金的管理按照彩票发行销售管理办法的有关规定执行。

**第九条** 彩票发行费应当专项用于彩票发行机构、彩票销售机构的业务费用支出以及彩票代销者的销售费用支出。

**第十条** 彩票发行机构、彩票销售机构的业务费,由彩票发行机构、彩票销售机构按照彩票销售额的一定比例提取,专项用于彩票发行销售活动。

彩票发行机构、彩票销售机构的业务费提取比例,由彩票发行机构、彩票销售机构根据彩票市场发展需要提出方案,报同级民政部门或者体育行政部门商同级财政部门核定后执行。

彩票发行机构、彩票销售机构应当于每月15日前,将上月提取的业务费按规定分别上缴中央财政专户和省级财政专户,实行"收支两条线"管理,不得隐瞒、滞留、截留、挤占和挪用。

**第十一条** 彩票销售机构业务费实行省级集中统一管理,具体管理方式由各省(自治区、直辖市)财政部门根据本地区实际情况确定。

**第十二条** 彩票代销者销售费用,由彩票机构与彩票代销者按彩票代销合同的约定进行结算,可以按彩票销售额的一定比例,从彩票代销者缴交的彩票销售资金中直接抵扣。

**第十三条** 彩票公益金专项用于社会福利、体育等社会公

彩票机构会计制度

益事业，不用于平衡公共财政预算。彩票公益金的上缴、分配和使用管理按照彩票公益金管理办法的有关规定执行。

**第十四条** 彩票机构报经同级财政部门批准后，开设彩票资金专用账户，包括彩票资金归集、结算账户，以及彩票投注设备押金或者保证金账户。

## 第三章 预决算管理

**第十五条** 彩票机构预算是指彩票机构根据彩票事业发展目标和计划编制的年度财务收支计划，包括收入预算和支出预算。

彩票机构决算是指彩票机构根据预算执行结果编制的年度报告。

**第十六条** 彩票机构作为一级预算单位管理，单位预算和决算不纳入其行政主管部门的部门预算和决算，直接报同级财政部门审批。其中，彩票发行机构预算和决算报财政部审批；彩票销售机构预算和决算报所在地省、自治区、直辖市人民政府财政部门审批。

**第十七条** 彩票机构应当根据上一年度预算执行情况、预算年度业务费收入增减因素和措施，以及上一年度收入结余情况等，测算编制收入预算；根据彩票事业发展需要、财力可能、资产状况等，测算编制支出预算。

彩票机构年度预算应当全面反映本单位所有收入和支出

情况。

**第十八条** 彩票发行机构应当按照财政部预算编制的要求，于每年11月底前报送下一年度预算，并经财政部审核批准后执行。财政部根据下一年度彩票发行销售业务开展需要以及中央财政专户彩票发行机构业务费结余等情况，在批复预算之前可以下达部分预算指标。

彩票销售机构编报年度预算，应当按照省（自治区、直辖市）财政部门的有关规定执行。

**第十九条** 财政部在上缴中央财政专户的彩票发行机构业务费中安排部分资金，专项用于彩票市场调控方面的省际之间彩票市场均衡发展以及优化彩票品种及游戏结构等支出。

彩票发行机构在报送下一年度预算时，应当根据彩票市场运行调控需要，结合中央财政专户彩票发行机构业务费结余等情况，提出本机构安排的彩票市场调控资金数额及其分配方案申请。财政部批准后，通过中央财政专户将该项资金下达至有关省（自治区、直辖市）财政部门。

**第二十条** 财政部门应当根据批准的预算，以及彩票机构业务费上缴情况，按照财政国库管理制度等有关规定向彩票机构拨付资金。

根据彩票发行销售业务需要，彩票发行机构在年度预算批复前，可以按照财政部提前下达的预算指标编报用款计划，向财政部提出用款申请。

**第二十一条** 彩票机构应当严格执行财政部门批准的预算，年度预算一般不予调整。根据彩票事业发展需要或者国家有关政策调整,需要增加或者减少支出的,彩票机构应当按规定于每年 9 月底前,提出调整当年预算申请,报财政部门审核批复后执行。

第二十二条  中央财政和省级财政未拨付的彩票机构业务费,专项用于支持彩票发行机构、彩票销售机构以后年度彩票事业发展,不得用于平衡公共财政预算或者其他支出。

第二十三条  彩票机构应当按照财政部门规定,真实准确地编制年度决算,加强决算分析和管理,并在年度终了后 3 个月内,经会计师事务所审计后,报同级财政部门审核批复。

# 第四章  收 入 管 理

第二十四条  收入是指彩票机构为开展彩票发行销售业务及其他活动依法取得的非偿还性资金。

第二十五条  彩票机构收入包括:

(一)事业收入,即财政部门核拨给彩票机构用于开展彩票发行销售业务活动及其辅助活动的业务费收入。

(二)上级补助收入,即彩票机构从主管部门取得的非财政补助收入。

(三)附属单位上缴收入,即彩票机构附属独立核算单位按照有关规定上缴的收入。

(四)经营收入,即彩票机构在彩票发行销售业务活动及其辅助活动之外开展非独立核算经营活动取得的收入,包括广告收入、租赁收入等。

（五）其他收入，即上述规定范围以外的各项收入，包括投资收益、利息收入、捐赠收入等。

第二十六条 彩票机构应当将各项收入全部纳入单位预算，统一核算，统一管理。

第二十七条 彩票机构应当加强收入管理，按照国家规定合理组织各项收入，及时分类入账，严禁坐收坐支。

# 第五章 支出管理

第二十八条 支出是指彩票机构开展彩票发行销售业务及其他活动发生的资金耗费和损失。

（一）事业支出，即彩票机构开展彩票发行销售业务及其辅助活动发生的基本支出和项目支出。

基本支出主要包括：

1. 人员支出，包括工资福利支出以及对个人和家庭的补助支出，不包括应当在"经营支出"中列支的相关人员经费。

工资福利支出，即彩票机构为在职职工和编制外长期聘用人员开支的各类劳动报酬、缴纳的各项社会保险费等，包括基本工资、津贴补贴、奖金、绩效工资、社会保障缴费、伙食补助费、其他工资福利支出等。

对个人和家庭补助支出，即彩票机构用于对个人和家庭的补助支出，包括离休费、退休费、退职费、抚恤金、生活补助、医疗费、住房公积金、提租补贴、购房补贴、其他对个人和家庭的补助支出等。

2.日常公用支出，即彩票机构购买商品和服务的支出，包括办公费、印刷费、咨询费、手续费、水费、电费、邮电费、取暖费、交通费、物业管理费、差旅费、维修（护）费、会议费、招待费、培训费、专用材料费、一般办公设备购置费、一般专用设备购置费、一般交通工具购置费、专用燃料费、劳务费、工会经费、福利费、其他商品和服务支出等。

项目支出主要包括：

1.基本建设支出，即彩票机构用于购置大型固定资产和设备、大型修缮等发生的支出，包括房屋建筑物购建、大型办公设备购置、大型专用设备购置、业务用交通工具、大型修缮、信息网络购建等。

2.发行销售业务支出，即彩票机构开展彩票发行销售业务所需的费用，包括彩票研发费、彩票销售渠道建设费、彩票印制费、彩票物流管理费、检验检测费、广告费、市场营销费、市场宣传推广费、彩票销售系统建设和运行维护费、技术服务费、专线通讯费、开奖费、公证费、市场调研费、彩票销毁费、彩票兑奖周转金、彩票发行销售风险基金、其他业务支出等。

（二）经营支出，即彩票机构在彩票业务活动及其辅助活动以外开展非独立核算经营活动发生的支出。

（三）对附属单位补助支出，即彩票机构用财政补助收入之外的收入对附属单位补助发生的支出。

（四）其他支出，即上述规定范围以外的各项支出，包括查处非法彩票支出、捐赠支出等。

**第二十九条** 彩票机构应当将各项支出全部纳入单位预算，建立健全各项支出管理制度。

**第三十条** 彩票机构应当执行政府采购制度有关规定。

**第三十一条** 彩票机构应当加强支出的绩效管理，提高资金使用的有效性。

**第三十二条** 彩票机构应当依法加强各类票据管理，确保票据来源合法、内容真实、使用正确，不得使用虚假票据。

# 第六章 结转和结余管理

**第三十三条** 结转和结余是指彩票机构年度收入与支出相抵后的余额。结转资金是指彩票机构当年预算已执行但未完成，或者因故未执行，下一年度需要按照原用途继续使用的资金。结余资金是指彩票机构当年预算工作目标已经完成，或者因故终止，当年剩余的资金。

彩票机构结转和结余包括财政专户核拨资金结转和结余，以及财政专户核拨资金之外的其他资金结转和结余。

**第三十四条** 彩票机构财政专户核拨资金形成的结转资金包括基本支出结转资金、项目支出结转资金。基本支出结转资金原则上结转下年继续使用，用于增人增编等人员经费和日常公用经费支出，但在人员经费和日常公用经费间不得挪用，不得擅自用于提高人员经费开支标准。项目支出结转资金结转下年按原用途继续使用，确需调整结转资金用途的，需报财政部门审批。

彩票机构财政专户核拨资金形成的结余资金是彩票机构在年度预算执行结束后形成的项目支出结余资金，应当全部统筹用于编制以后年度预算，按照有关规定用于相关支出。

第三十五条　财政专户核拨资金之外的其他资金结转按照规定结转下一年度继续使用。

财政专户核拨资金之外的其他资金结余可以按照一定比例提取职工福利基金，剩余部分作为事业基金；国家另有规定的，从其规定。

第三十六条　事业基金是非限定用途的资金，用于弥补以后年度收支差额，支持彩票事业发展。彩票机构应当加强事业基金管理，统筹安排，合理使用。

第三十七条　彩票机构应当加强结转结余资金管理，按照国家规定正确计算与分配结余资金。

# 第七章　专用基金管理

第三十八条　专用基金是指彩票机构按照规定提取或设置的有专门用途的资金。

第三十九条　专用基金包括：

（一）职工福利基金，即彩票机构从财政专户核拨资金之外的其他资金结余中提取，或按照相关规定转入，专项用于彩票机构职工的集体福利设施、集体福利待遇的资金。

（二）彩票兑奖周转金，即从彩票机构业务费中计提，专项用于彩票游戏奖池、当期返奖奖金、调节基金不足以兑付或弥补彩票中奖者奖金时的垫支周转资金。

（三）彩票发行销售风险基金，即按不超过上年度彩票机构业务费收入的10%提取，专项用于弥补因彩票市场变化导致的坏账损失，或因不可抗力事件等造成的彩票发行销售损失的资金。

（四）其他基金，即按照国家有关规定提取和设置的其他专用资金。

**第四十条** 职工福利基金的提取比例按照国家统一规定执行。彩票机构应当加强职工福利基金的管理，不得擅自改变提取比例和开支范围。

**第四十一条** 彩票机构应当综合考虑彩票发行销售量，当期返奖奖金、奖池资金和调节基金的规模，以及奖金兑付情况等因素，提出彩票兑奖周转金提取、垫支和返还方案，报同级财政部门批准。

彩票机构应当加强对彩票兑奖周转金的管理，严格按照规定垫支并及时返还。

**第四十二条** 彩票发行销售风险基金年末余额超过当年彩票机构业务费收入的10%时，下年度不再计提。同级财政部门可以根据彩票市场变化以及彩票发行销售风险基金使用等情况，调整彩票发行销售风险基金提取比例或者暂停提取。

彩票机构使用彩票发行销售风险基金时，应当编制详细的使用计划，报同级财政部门审批后，由财政专户核拨资金。

第四十三条 彩票兑奖周转金、彩票发行销售风险基金计提时，应当冲减彩票机构业务费收入，在财政专户中专账核算，并在《政府收支分类科目》"彩票发行机构和彩票销售机构的业务费用"、"彩票发行销售机构业务费安排的支出"科目下单独列示。

# 第八章 资产管理

第四十四条 资产是指彩票机构占有或者使用的能以货币计量的经济资源，包括各种财产、债权和其他权利。

第四十五条 彩票机构资产包括流动资产、固定资产、在建工程、无形资产和对外投资等。

第四十六条 流动资产是指可以在一年以内变现或者耗用的资产，包括现金、各种存款、应收及预付款项、库存彩票、存货等。

库存彩票是指彩票机构购进的已验收入库的彩票，按实际支付价款计价。

存货是指彩票机构在开展彩票发行销售业务活动及其他活动中为耗用而储存的资产，包括材料、燃料、包装物和低值易耗品等。材料是指彩票机构库存的物资材料、电脑投注单和热敏纸，以及达不到固定资产标准的工具、器具等。

第四十七条 彩票机构应当建立健全现金及各种存款的内

部管理制度。应收款项和预付款项应当按时清理结算,不得长期挂账。

库存彩票应当按彩票品种分别核算。彩票机构应当严格执行彩票出入库制度,按彩票游戏建立库存彩票明细账和台账,定期或不定期盘点,定期核对库存彩票明细账、台账与总账,年度终了前应当进行全面盘点清查。对于盘盈、盘亏及毁损、报废的库存彩票,彩票机构应当及时查明原因,经同级财政部门审核,在分清责任的基础上区分不同情况进行处理。

**第四十八条** 固定资产是指使用期限超过一年,单位价值在1000元以上(其中:专用设备单位价值在1500元以上),并在使用过程中基本保持原有物质形态的资产。单位价值虽未达到规定标准,但耐用时间在一年以上的大批同类物资,作为固定资产管理。

固定资产一般分为六类:房屋及构筑物;专用设备;通用设备;文物和陈列品;图书、档案;家具、用具、装具及动植物。

**第四十九条** 彩票机构应当对固定资产进行定期或不定期的清查盘点。年度终了前应当进行全面的清查盘点,保证账实相符。

**第五十条** 彩票机构可以根据固定资产性质,在预计使用年限内,采用合理的方法计提折旧。

**第五十一条** 在建工程是指已经发生必要支出,但尚未达到交付使用状态的建设工程。

在建工程达到交付使用状态时,应当按照规定办理工程竣工财务决算和资产交付使用。

第五十二条　无形资产是指不具有实物形态而能为使用者提供某种权利的资产,包括专利权、商标权、著作权、土地使用权、非专利技术、商誉以及其他财产权利。无形资产可以按规定进行摊销。

彩票机构转让无形资产,应当按照有关规定进行资产评估,取得的收入按照国家有关规定处理。

第五十三条　对外投资是指彩票机构依法利用货币资金、实物、无形资产等方式向其他单位的投资。

彩票机构应当严格控制对外投资。在保证单位正常运转和事业发展的前提下,按照国家有关规定可以对外投资的,应当履行相关审批程序。彩票机构对外投资必须是与彩票发行销售业务有关的项目,不得从事股票、期货、基金、企业债券等投资,国家另有规定的除外。

彩票机构以非货币性资产对外投资的,应当按照国家有关规定进行资产评估,合理确定资产价值。

第五十四条　彩票机构出租、出借资产,应当按国家有关规定经主管部门审核同意后报同级财政部门审批。

第五十五条　彩票机构流动资产、固定资产、无形资产、对外投资等国有资产管理,应当严格按照《事业单位国有资产管理暂行办法》(财政部令第36号)等相关规定执行。

# 第九章　负债管理

第五十六条　负债是指彩票机构所承担的能以货币计量,

需要以资产或者劳务偿还的债务。

**第五十七条** 彩票机构的负债包括借入款项、应付款项、暂存款项、应缴款项、预收款项等。

借入款项是彩票机构借入的有偿使用款项,包括短期借款和长期借款。

应付款项包括应付账款、应付彩票奖金、应付彩票代销者的销售费用以及其他应付款等。

暂存款项包括彩票投注专用设备押金或者保证金等。

应缴款项包括彩票机构收取的应当上缴财政的彩票公益金、彩票机构业务费、应缴税费以及其他按照国家有关规定应当上缴的款项。

预收款项包括彩票代销者预交的彩票款项、彩票购买者购彩预存款等。

**第五十八条** 彩票机构应当对不同性质的负债分类管理,及时清理并按照规定办理结算,保证各项负债在规定期限内归还。

**第五十九条** 彩票机构应当建立健全财务风险控制机制,规范和加强借入款项管理,严格执行审批程序,不得违反规定举借债务和提供担保。

## 第十章　财务监督与法律责任

**第六十条** 彩票机构财务监督主要包括对预算管理、收入管理、支出管理、结转和结余管理、专用基金管理、资产管理、负债管理等的监督。

**第六十一条** 彩票机构财务监督应当实行事前监督、事中监督、事后监督相结合,日常监督与专项监督相结合。

**第六十二条** 彩票机构应当建立健全内部控制制度、经济责任制度、财务信息披露制度等监督制度。

**第六十三条** 彩票机构应当建立健全内部财务审计制度,自觉接受财政、审计部门以及主管部门的监督检查,如实提供相关财务收支情况和资料。

**第六十四条** 对违反本办法规定的行为,依照《中华人民共和国预算法》、《财政违法行为处罚处分条例》(国务院令第427号)、《彩票管理条例》(国务院令第554号)等国家有关规定处理。

## 第十一章 附 则

**第六十五条** 各省、自治区、直辖市人民政府财政部门可根据本办法,结合本地区实际情况制定实施办法或补充规定,并报财政部备案。

**第六十六条** 本办法自2013年1月1日起执行。2001年12月9日财政部发布的《彩票发行与销售机构财务管理办法》同时废止。

# 彩票发行销售管理办法

2012年12月28日　财综〔2012〕102号

## 第一章　总　　则

**第一条**　为加强彩票管理，规范彩票发行销售行为，保护彩票参与者的合法权益，促进彩票事业健康发展，根据《彩票管理条例》（以下简称《条例》）、《彩票管理条例实施细则》（以下简称《实施细则》）的相关规定，制定本办法。

**第二条**　彩票发行机构按照统一发行、统一管理、统一标准的原则，负责全国的彩票发行和组织销售工作。

彩票销售机构在彩票发行机构的统一组织下，负责本行政区域的彩票销售工作。

**第三条**　发行销售彩票应当遵循公开、公平、公正和诚实信用、自愿购买的原则。不得采取摊派或者变相摊派等手段销售彩票，不得溢价或者折价销售彩票，不得以赊销或者信用方式销售彩票，不得向未成年人销售彩票和兑奖。

## 第二章　彩票发行与销售管理

**第四条**　彩票发行机构开设彩票品种、变更彩票品种审批事项、停止彩票品种或者彩票游戏，应当按照《条例》、《实施细则》的规定，报民政部或者国家体育总局审核同意后向财政部提出申请，经财政部审查批准后组织实施。

**第五条**　《条例》第八条所称发行方式，是指发行销售彩票所采用的形式和手段，包括实体店销售、电话销售、互联网销售、自助终端销售等。

《条例》第八条所称发行范围，是指发行销售彩票所覆盖的区域，以省级行政区域为单位，分为全国区域、两个或者两个以上省级行政区域、省级行政区域。

**第六条**　《实施细则》第十二条所称专业检测机构，是指经批准成立或者设立，国家有关部门认定并取得相关资质证明，从事计算机系统和软件的测试、检测或者评测，具有独立法人资格的单位。

**第七条**　《实施细则》第十二条所称变更彩票品种审批事项涉及对技术方案进行重大调整，包括以下情形：

（一）在彩票发行销售系统中增加新的彩票游戏；

（二）增加或者减少彩票游戏的奖级；

（三）调整彩票游戏的开奖方式；

（四）增加新的彩票发行方式；

（五）其他变更彩票品种审批事项涉及对技术方案进行的重大调整。

**第八条** 开设的彩票品种、变更审批事项的彩票品种上市销售前，彩票发行机构或者彩票销售机构应当将销售实施方案报同级财政部门核准。销售实施方案应当包括拟上市销售日期、营销宣传计划、风险控制办法等内容。

**第九条** 彩票发行范围为全国区域的，销售实施方案由彩票发行机构报财政部核准。彩票发行范围为两个或者两个以上省级行政区域的，销售实施方案由负责管理彩票游戏奖池、数据汇总等工作的彩票发行机构或者彩票销售机构报同级财政部门核准，其他参与销售的彩票销售机构应当将核准的销售实施方案报同级财政部门备案。彩票发行范围为省级行政区域的，销售实施方案由彩票销售机构报同级财政部门核准。

**第十条** 经批准开设的彩票品种，彩票发行机构、彩票销售机构应当自批准之日起6个月内上市销售。经批准变更审批事项的彩票品种，彩票发行机构、彩票销售机构应当自批准之日起4个月内变更后上市销售。

开设的彩票品种、变更审批事项的彩票品种上市销售未满6个月的，原则上不得变更或者停止。

**第十一条** 财政部应当按照合理规划彩票市场和彩票品种结构、严格控制彩票风险的原则，综合考虑彩票销售量、奖池资金结余、调节基金结余以及彩票发行销售费用等情况，对彩票发行机构停止彩票品种或者彩票游戏的申请进行审查。

经批准停止的彩票品种或者彩票游戏，彩票发行机构、彩票销售机构应当自批准之日起 2 个月内向社会发布公告。自公告之日起满 60 个自然日后，彩票发行机构、彩票销售机构可以停止销售。

**第十二条** 彩票发行机构、彩票销售机构应当按照《条例》、《实施细则》等彩票管理规定，以及彩票代销合同示范文本的要求，与彩票代销者签订彩票代销合同。彩票代销者应当按照彩票代销合同的约定代理销售彩票，不得委托他人代销彩票。

**第十三条** 彩票销售机构、彩票代销者应当按照彩票发行机构的统一要求，建设彩票销售场所，设置彩票销售标识，张贴警示标语，突出彩票的公益性。

彩票发行机构、彩票销售机构应当根据不同彩票品种的特性，制定相应的彩票销售场所设置标准和管理规范。

**第十四条** 彩票发行机构、彩票销售机构可以利用业务费、经营收入等资金购买商品或者服务开展促销活动，回馈符合一定条件的彩票购买者或者彩票代销者。

开展彩票促销活动所需经费，由彩票发行机构、彩票销售机构在财务收支计划中提出申请，经同级财政部门审核批准后安排支出。

**第十五条** 《实施细则》第二十条所称派奖，是指通过彩票游戏的调节基金或者一般调节基金设立特别奖，对符合特定规则的彩票中奖者增加中奖金额。

**第十六条** 彩票发行机构、彩票销售机构开展派奖活动，应当符合以下规定：

（一）销售周期长于1天（含1天）的彩票游戏，每年开展派奖活动不得超过一次，派奖资金安排不得超过40期；

（二）销售周期短于1天（不含1天）的彩票游戏，每年开展派奖活动不得超过两次，每次派奖资金安排不得超过5天；

（三）派奖资金仅限彩票游戏的调节基金或者一般调节基金，不得使用奖池资金、业务费开展派奖活动。

（四）单注彩票的派奖金额，不得超过彩票游戏规则规定的相应奖级的设奖金额或者封顶限额。

（五）派奖活动的最后一期派奖奖金有结余的，顺延至派奖奖金用完为止。派奖活动尚未到期，但彩票游戏的调节基金和一般调节基金已用完的，应当停止派奖。

**第十七条** 彩票发行机构、彩票销售机构开展派奖活动，应当由负责管理彩票游戏奖池的彩票发行机构或者彩票销售机构向同级财政部门提出申请，经审核批准后组织实施。

派奖申请材料应当包括开展派奖活动的必要性分析、派奖方案、派奖预计总金额、派奖资金来源等内容。

**第十八条** 对符合规定的派奖申请，财政部门应当自收到申请材料之日起20个工作日之内，向彩票发行机构或者彩票销售机构批复派奖方案。派奖方案应当包括派奖起止期、派奖规则、单期派奖金额或者派奖总金额，以及派奖活动的最后一期派奖奖金有结余或者派奖活动尚未到期但彩票游戏的调节基金和一般调节基金已用完的处理等内容。

省级财政部门审核批复彩票销售机构的派奖方案，应当由省级财政部门、彩票销售机构分别报财政部、彩票发行机构备案。

第十九条 彩票发行机构、彩票销售机构应当在派奖开始5个自然日前，向社会公告派奖方案，并在公告中注明财政部门的批准文件名称及文号。

第二十条 在兑奖有效期内，彩票中奖者提出兑奖要求，经验证确认后，彩票发行机构、彩票销售机构或者彩票代销者应当及时兑付，不得拖延。

# 第三章　彩票品种管理

第二十一条 彩票品种包括传统型、即开型、乐透型、数字型、竞猜型、视频型、基诺型等。

传统型、即开型彩票的游戏规则包括名称、面值、玩法规则和奖级构成表等内容。乐透型、数字型、竞猜型、视频型、基诺型彩票的游戏规则包括总则、投注、设奖、开奖、中奖、兑奖、附则等内容，名称为"中国福利（体育）彩票×××游戏规则"。

第二十二条 彩票可以实行固定设奖或者浮动设奖。

固定设奖的，所有奖级的设奖金额均为固定金额。浮动设奖的，低奖级的设奖金额为固定金额，高奖级的设奖金额需要根据计提奖金、低奖级中奖总额和高奖级中奖注数等因素计算确定。

**第二十三条** 传统型、即开型彩票由彩票发行机构根据彩票市场需要统一印制。彩票发行机构应当制定传统型、即开型彩票的版式、规格、制作形式、防伪、包装等印制标准和管理规范。

**第二十四条** 传统型、即开型彩票的使用期限为自印制完成之日起60个月，使用期限到期后，应当停止销售。严禁销售超过使用期限的传统型、即开型彩票。

使用期限到期前的60个自然日内，彩票发行机构应当向社会公告该批次彩票的停止销售日期，停止销售的日期为使用期限到期的日期。尚未到期但需要停止销售的，彩票发行机构应当至少提前60个自然日向社会公告该批次彩票的停止销售日期。

**第二十五条** 传统型、即开型彩票应当实行出入库登记制度，建立库存彩票实物明细账（台账）。出入库记录单的保存期限不得少于60个月。

彩票发行机构、彩票销售机构应当定期盘点库存彩票实物，将库存彩票实物与库存明细账（台账）及财务账进行核对，确保账物相符。

**第二十六条** 传统型、即开型彩票应当采用铁路、公路等方式运输，实行专人负责，确保安全。

**第二十七条** 传统型、即开型彩票的废票、尾票以及超过使用期限的彩票，应当按照《实施细则》第二十九条、第三十条的规定销毁。

实施销毁前，负责销毁彩票和负责监督销毁的工作人员，应当将经批准销毁彩票的名称、面值、数量、金额与现场待销毁彩票实物进行核对,清点零张票,抽点整本票。核对无误后,出具销毁确认单并签字、盖章。核对中发现问题的,应当立即停止销毁工作,查明原因并处置后再行销毁。

第二十八条　传统型彩票的中奖者,应当自开奖之日起60个自然日内兑奖。即开型彩票的中奖者,可以自购买之时起兑奖,兑奖的截止日期为该批彩票停止销售之日起的第60个自然日。逾期不兑奖的视为弃奖。最后一天为全体公民放假的节日或者彩票市场休市的,按照《实施细则》第四十三条的规定执行。

第二十九条　乐透型、数字型、竞猜型、基诺型彩票应当符合以下规定:

(一)单张彩票的投注注数不得超过10000注;

(二)设置多倍投注的,每注彩票的投注倍数不得超过100倍;

(三)实行浮动设奖的,奖池资金仅限用于高奖级;

(四)实行固定设奖的,应当设置投注号码或者投注选项的限制注数。

第三十条　视频型彩票应当符合以下规定:

(一)单次投注的总金额不得超过10元;

(二)专用投注卡单日充值金额实行额度控制;

(三)销售厅经营时间实行时段控制。

第三十一条　基诺型彩票和销售周期短于1天(不含1天)的乐透型、数字型彩票,应当通过专用电子摇奖设备确定开奖号码。

销售周期长于1天（含1天）的乐透型、数字型彩票，通过专用摇奖设备确定开奖号码。在摇奖前，摇奖号码球及摇奖器具必须进行检查。摇奖应当全程录像，录像保存期限不得少于36个月。摇奖结束后，摇奖号码球应当封存保管。

体育比赛裁定的比赛结果经彩票机构依据彩票游戏规则确认后，作为竞猜型彩票的开奖结果。体育比赛因各种原因提前、推迟、中断、取消或者被认定为无效场次的，按照彩票游戏规则的规定确定开奖结果。

第三十二条　基诺型彩票和销售周期短于1天（不含1天）的乐透型、数字型、竞猜型彩票，应当在每期销售截止时刻自动封存彩票销售原始数据，并按日将彩票销售原始数据刻录在不可改写的储存介质上。开奖检索由彩票发行销售系统根据开奖号码或者开奖结果自动完成。

第三十三条　销售周期长于1天（含1天）的乐透型、数字型、竞猜型彩票，应当在每期销售截止时封存彩票销售原始数据，并将当期彩票销售原始数据刻录在不可改写的储存介质上。开奖检索应当在封存的彩票销售原始数据中和刻录的备份储存介质中同步进行，检索结果一致后方可制作开奖公告。

# 第四章　彩票设施设备和技术服务

第三十四条　彩票发行机构、彩票销售机构应当按照国家有关标准，组织建设彩票发行销售系统专用机房和灾备机房。专用机房和灾备机房应当配置彩票发行销售系统双机备份服务器、机房专用空调、不间断电源、发电机、消防设施设备等。彩票发行机构、彩票销售机构应当制定完备的机房管理制度、工作日志制度和应急处置预案。

**第三十五条** 彩票发行机构、彩票销售机构应当建立彩票发行销售系统，并负责组织管理彩票发行销售系统的开发、集成、测试、维护及运营操作。彩票发行销售系统应当具备完善的数据备份、数据恢复、防病毒、防入侵等安全措施，确保系统安全运行。

**第三十六条** 彩票发行机构、彩票销售机构应当对彩票发行销售系统的开发、集成、测试、维护及运营操作等岗位人员实行分离管理，确保安全操作。

彩票发行销售系统的运营操作应当由彩票发行机构、彩票销售机构的专业技术人员直接负责，彩票发行销售系统的开发、集成、测试和维护人员，不得以任何方式参与运营操作。

**第三十七条** 彩票发行机构、彩票销售机构应当建设专门的彩票开奖场所和兑奖服务场所，制定彩票开奖操作规程和兑奖服务流程，统一购置、直接管理彩票开奖设备。开奖场所和兑奖服务场所应当具备完善的安保措施和突发事件应急处置预案。

**第三十八条** 彩票销售机构应当为彩票代销者配置彩票投注专用设备。彩票投注专用设备属于彩票销售机构所有，彩票代销者不得转借、出租、出售。

彩票代销者应当按照彩票代销合同的约定,向彩票销售机构交纳彩票投注专用设备押金或者保证金。

第三十九条 传统型、即开型彩票应当使用专用仓库储存。储存专用仓库应当配备专人管理,具备防火、防水、防盗、防潮、防虫等安全功能,不得存放与彩票业务无关的物品。

第四十条 彩票发行机构、彩票销售机构应当设立服务热线,负责受理社会公众的咨询、投诉等。

第四十一条 彩票发行机构、彩票销售机构应当定期对彩票销售数据管理专用机房和灾备机房、彩票发行销售系统、彩票开奖场所和兑奖服务场所、彩票开奖设备、彩票存储专用仓库等设施设备进行检查、检修和维护。

## 第五章 彩票奖金管理

第四十二条 彩票奖金是指彩票发行机构、彩票销售机构按照彩票游戏规则确定的比例从彩票销售额中提取,用于支付彩票中奖者的资金。

彩票游戏设置调节基金的,彩票奖金包括当期返奖奖金和调节基金。当期返奖奖金应当按照彩票游戏规则规定的比例在当期全额计提。调节基金包括按照彩票销售额的一定比例提取的资金、逾期未退票的票款和浮动奖取整后的余额,应当专项用于支付各种不可预见的奖金风险支出和开展派奖。调节基金的提取比例根据不同彩票游戏的特征和彩票市场发展需要确定，并在彩票游戏规则中规定，提取比例最高不得超过彩票销售额的2%。

彩票游戏未设置调节基金的，彩票奖金应当按照彩票游戏规则规定的比例在当期全额计提。

**第四十三条** 彩票游戏设置奖池的，奖池用于归集彩票游戏计提奖金与实际中出奖金的资金余额。彩票游戏的奖池资金达到一定额度后，超过部分可以转入该彩票游戏的调节基金，具体额度在彩票游戏规则中规定。

固定设奖的彩票游戏，当期计提奖金超过当期实际中出奖金时，余额进入奖池；当期计提奖金小于当期实际中出奖金时，差额先由奖池资金支付。

浮动设奖的彩票游戏，当期计提奖金扣除当期实际中出奖金后的余额进入奖池；奖池资金只用于支付以后各期彩票高奖级的奖金，不得挪作他用。

**第四十四条** 首次上市销售的彩票游戏，可以安排一定额度的业务费注入奖池作为奖池资金。具体金额由彩票发行机构或者彩票销售机构在上市销售前提出申请，报同级财政部门审核批准。上市销售后，彩票发行机构或者彩票销售机构不得用业务费向奖池注入资金，不得设置奖池保底奖金。

**第四十五条** 彩票游戏的当期计提奖金、调节基金、奖池资金，应当按照彩票游戏规则的规定核算和使用。

**第四十六条** 彩票奖金实行单注奖金上限封顶。彩票游戏的封顶金额，由财政部根据彩票市场发展情况、彩票游戏机理和特征、具体彩票游戏的奖组规模等因素设置，并在彩票游戏规则中规定。

彩票游戏的封顶金额按不高于500万元设置。其中，即开型彩票的封顶金额按不高于100万元设置。

**第四十七条** 停止销售的彩票游戏兑奖期结束后，奖池资金和调节基金有结余的，转为一般调节基金，用于不可预见情况下的奖金风险支出或者开展派奖；奖池资金和调节基金的余额为负数的，从彩票发行销售风险基金列支。

**第四十八条** 彩票游戏的当期计提奖金、奖池资金不足以兑付彩票中奖者奖金时，先由该彩票游戏的调节基金弥补，不足部分从彩票兑奖周转金中垫支。当该彩票游戏的调节基金出现余额后，应当及时从调节基金将垫支资金调回至彩票兑奖周转金。

**第四十九条** 单注奖金在1万元以上（不含1万元）的彩票兑奖后，应当保留中奖彩票或者投注记录凭证的原件、彩票中奖者的有效身份证件复印件，并编制奖金兑付登记表，汇总装订成册，存档备查。其中，单注奖金在100万元及以上的彩票兑奖后，应当将中奖彩票或者投注记录凭证的原件和奖金兑付登记表作为原始凭证，按照会计档案管理制度规定的期限进行保管。

# 第六章 报告公告与监督检查

**第五十条** 彩票发行机构、彩票销售机构应当建立健全彩票发行销售的报告制度。彩票发行机构、彩票销售机构应当于每年1月31日前，向同级财政部门报送上年度彩票发行销售情况。

彩票发行销售过程中出现的新情况或者重要事件，彩票发行机构、彩票销售机构应当及时向同级财政部门报告。

第五十一条 经批准开设的彩票品种、变更审批事项的彩票品种上市销售前，彩票发行机构、彩票销售机构应当向社会发布公告。公告内容包括财政部批准文件的名称及文号、同级财政部门核准文件的名称及文号、上市销售的日期、财政部批准的彩票游戏规则等。上市销售满1个月后，彩票发行机构、彩票销售机构应当向同级财政部门提交上市销售情况的书面报告。

第五十二条 经批准的彩票品种或者彩票游戏停止销售前，彩票发行机构、彩票销售机构应当向社会发布公告。公告内容包括财政部的批准文件名称及文号、停止销售日期、兑奖截止日期等。

兑奖期结束后，彩票发行机构、彩票销售机构应当在60个自然日内向同级财政部门提交书面报告，报告内容包括彩票销售、彩票奖金提取与兑付、奖池资金和调节基金结余与划转等情况。

第五十三条 彩票发行机构、彩票销售机构应当参照所在地人民政府的工作时间规定，确定兑奖时间和办法，并向社会公告。

第五十四条 彩票发行机构、彩票销售机构在彩票销售中遇有重大风险和重大安全事件，应当按照相关管理制度和应急处置预案妥善处理并及时报告。

第五十五条　财政部门可以根据工作需要对彩票发行机构、彩票销售机构的彩票发行销售行为进行监督检查，彩票发行机构、彩票销售机构应当积极配合。

第五十六条　经批准开设的彩票品种或者经批准变更审批事项的彩票品种逾期未上市销售的，自到期之日起，已作出的批复文件自动终止。已列入财务收支计划的相关项目支出，应当在本年度或者下一年度予以扣除、扣减。

第五十七条　彩票发行机构、彩票销售机构对外发布信息、进行市场宣传时，应当遵守国家有关法律、法规和制度规定，不得含有虚假性、误导性内容，不得鼓动投机，不得隐含对同业者的排他性、诋毁性内容。

# 第七章　附　　则

第五十八条　彩票发行机构、彩票销售机构应当根据《条例》、《实施细则》及本办法的规定，结合彩票发行销售工作实际制定具体的管理规范、操作规程，并报同级财政部门备案。

第五十九条　本办法自2013年1月1日起施行。财政部2002年3月1日发布的《彩票发行与销售管理暂行规定》、2003年11月13日发布的《即开型彩票发行与销售管理暂行规定》同时废止。

# 彩票机构新旧会计制度有关衔接问题的处理规定

2014年1月21日　财会〔2014〕2号

我部于2013年12月发布了《彩票机构会计制度》(财会〔2013〕23号)(以下简称新制度),自2014年1月1日起施行。在此之前,彩票机构执行《事业单位会计制度》(财预字〔1997〕288号)和《财政部关于彩票发行与销售机构执行〈事业单位会计制度〉有关问题的通知》(财会〔2001〕63号)等会计核算补充规定。为了确保彩票机构新旧会计制度顺利过渡,现对彩票机构执行新制度的有关衔接问题规定如下:

一、总体要求

(一)彩票机构在2014年1月1日之前,仍应按照原制度进行会计核算和编报会计报表。自2014年1月1日起,彩票机构应当严格按照新制度的规定进行会计核算和编报财务报告。

(二)彩票机构应当按照本规定做好新旧制度的衔接。相关工作包括以下几个方面:

1. 根据原账编制2013年12月31日的科目余额表。

2. 按照新制度设立 2014 年 1 月 1 日的新账。

3. 将 2013 年 12 月 31 日原账中各会计科目余额按照新制度和本规定进行调整（包括新旧结转调整和基建并账调整），按调整后的科目余额编制科目余额表，作为新账各会计科目的期初余额。根据新账各会计科目期初余额，按照新制度编制 2014 年 1 月 1 日期初资产负债表。

上述"原账中各会计科目"指原制度规定的会计科目，以及彩票机构按财政部印发的相关补充规定增设的会计科目（新旧会计科目对照情况参见本规定附表）。

（三）及时调整会计信息系统。彩票机构应当对原有会计核算软件和会计信息系统进行及时更新和调试，正确实现数据转换，确保新旧账套的有序衔接。

二、将原账科目余额转入新账

（一）资产类。

1."现金"、"银行存款"、"应收票据"、"应收账款"、"预付账款"、"其他应收款"科目。

新制度设置了"库存现金"、"银行存款"、"应收票据"、"应收账款"、"预付账款"、"其他应收款"科目，其核算内容与原账中上述相应科目的核算内容基本相同。转账时，应将原账中上述科目的余额直接转入新账中相应科目。新账中相应科目设有明细科目的，应将原账中上述科目的余额加以分析，分别转入新账中相应科目的相关明细科目。

2."材料"、"产成品"科目。

新制度未设置"材料"、"产成品"科目，但设置了"库存材料"科目，其核算范围包括原账中"材料"、"产成品"科目的核算内容。转账时，应将原账中"材料"、"产成品"科目的余额分析转入新账中"库存材料"科目的相关明细科目。

3."库存彩票"科目。

新制度设置了"库存彩票"科目，其核算内容与原账中"库存彩票"科目的核算内容基本相同。转账时，应将原账中"库存彩票"科目的余额直接转入新账中"库存彩票"科目；同时按照"库存彩票"科目的余额冲减"事业结余"科目，转入新账中"库存彩票基金"科目。

新账中"库存彩票"科目设有明细科目的，应将原账中"库存彩票"科目的余额加以分析，分别转入新账中"库存彩票"科目的相关明细科目。

4."对外投资"科目。

新制度未设置"对外投资"科目，而是将彩票机构的对外投资划分为短期投资和长期投资，相应设置了"短期投资"、"长期投资"两个科目。转账时，应对原账中"对外投资"科目的余额进行分析：将依法取得的、持有时间不超过1年（含1年）的对外投资余额转入新账中"短期投资"科目，将剩余余额转入新账中"长期投资"科目。

5."固定资产"科目。

新制度设置了"固定资产"科目，核算固定资产的原价。由于固定资产价值标准提高，原账中单位价值在1000元以下（专用设备单位价值在1500元以下）的实物资产不再作为固定资产核算。转账时，应当根据重新确定的固定资产目录，对原账中"固定资产"科目的余额进行分析：

（1）对于达不到新制度中固定资产确认标准且尚未领用出库的，应当按照其余额减去已计提的累计折旧后的净额，借记新账中"库存材料"科目，按照已计提的累计折旧金额，借记原账中"累计折旧"科目，按照固定资产原值，贷记原账中"固定资产"科目；对于达不到新制度中固定资产确认标准且已领用出库的，应当按照其余额减去已计提的累计折旧后的净额，借记新账中"事业基金"，按照已计提的累计折旧金额，借记原账中"累计折旧"科目，按照固定资产原值，贷记原账中"固定资产"科目，同时做好相关实物资产的登记管理工作。

（2）对于符合新制度中固定资产确认标准的，应当将相应余额转入新账中"固定资产"科目。同时，按照固定资产账面净值，将原账中"事业基金"科目金额转入新账中"非流动资产基金——固定资产"科目。

6."固定资产清理"、"累计折旧"科目。

新制度设置了"待处置资产损溢"、"累计折旧"科目，其核算内容与原账中"固定资产清理"、"累计折旧"科目的核算内容基本相同。转账时，应将原账中上述科目的余额直接转入新账中相应科目。

7."在建工程"科目。

新制度设置了"在建工程"科目，其核算内容与原账中"在建工程"科目的核算内容基本相同。转账时，应将原账中"在建工程"科目的余额直接转入新账中"在建工程"科目。

同时将相应的"事业基金"科目余额转入新账中"非流动资产基金——在建工程"科目。

8."无形资产"科目。

新制度设置了"无形资产"科目，核算无形资产的原价。原账中"无形资产"科目余额反映的是尚未摊销的无形资产价值。转账时，将原账中"无形资产"科目的原值转入新账中的"无形资产"科目，按照已摊销无形资产的金额转入新账中"累计摊销"科目；同时，按照无形资产账面净值，将原账中"事业基金"科目金额转入新账中"非流动资产基金——无形资产"科目。

彩票机构按新制度规定对无形资产进行摊销的，应当自2014年1月1日起设置和启用"累计摊销"科目，以"无形资产"科目2014年1月1日的期初余额为基础，按新制度规定进行摊销。

(二)负债类。

1."借入款项"科目。

新制度将彩票机构的借入款项划分为短期借款和长期借款，相应设置了"短期借款"、"长期借款"两个科目。转账时，应对原账中"借入款项"科目的余额进行分析：将期限在1年内（含1年）的各种借款余额转入新账中"短期借款"科目，将剩余余额转入新账中"长期借款"科目。

2."应交税金"科目。

新制度设置了"应缴税费"科目，其核算内容与原账中"应交税金"科目的核算内容基本相同。转账时，应将原账中

"应交税金"科目的余额直接转入新账中的"应缴税费"科目。

3. "应缴财政专户款"、"待收财政专户款"科目。

新制度设置了"应缴国库款"、"应缴财政专户款"科目，其核算内容与原账中"应缴财政专户款"、"待收财政专户款"科目的核算内容基本相同。转账时，应将"待收财政专户款"科目的余额并入"应缴财政专户款"科目，并对"应缴财政专户款"科目余额进行分析，将其中属于彩票公益金的余额转入"应缴国库款"科目，将剩余余额转入新账中"应缴财政专户款"科目。

4. "应付工资（离退休费）"、"应付地方（部门）津贴补贴"、"应付其他个人收入"科目。

新制度未设置"应付工资（离退休费）"、"应付地方（部门）津贴补贴"、"应付其他个人收入"科目，但设置了"应付职工薪酬"科目，其核算内容涵盖了原账中上述三个科目的核算内容，并包括应付的社会保险费和住房公积金等。彩票机构应在新账中该科目下按照国家有关规定设置明细科目。转账时，应将原账中"应付工资（离退休费）"、"应付地方（部门）津贴补贴"、"应付其他个人收入"科目的余额分别转入新账中"应付职工薪酬"科目的相关明细科目，并对原账中"其他应付款"科目的余额进行分析，将其中属于彩票机构应付的社会保险费和住房公积金等的余额，转入新账中"应付职工薪酬"科目的相关明细科目。

5. "应付票据"、"预收账款"科目。

新制度设置了"应付票据"、"预收账款"科目，其核算内容与原账中上述相应科目的核算内容基本相同。转账时，应将原账中上述科目的余额直接转入新账中相应科目。

6．"应付账款"科目

新制度设置了"应付账款"科目，其核算范围比原账中"应付账款"科目的核算范围小，不包括偿还期在1年以上（不含1年）的应付账款，如跨年度分期付款购入固定资产的价款等。转账时，应当对"应付账款"科目进行分析，将偿还期在1年以上（不含1年）的应付账款的余额转入新账中的"长期应付款"科目；将剩余余额，转入新账中"应付账款"科目。

7．"其他应付款"科目。

新制度设置了"其他应付款"科目，其核算范围比原账中"其他应付款"科目的核算范围小，不包括彩票机构应付的社会保险费和住房公积金，以及偿还期限在1年以上（不含1年）的应付款项，如以融资租赁租入的固定资产租赁费等，相应内容转由新制度下"应付职工薪酬"、"长期应付款"科目核算。转账时，应将原账中"其他应付款"科目的余额进行分析：将其中属于应付的社会保险费和住房公积金的余额，转入新账中"应付职工薪酬"科目；将其中属于偿还期限在1年以上（不含1年）的应付款项的余额，转入新账中"长期应付款"科目；将其中属于应付的代销费和代扣代缴所得税的余额，分别转入新账中"应付代销费"和"应缴税费"科目；将剩余余额转入新账中"其他应付款"科目。

8．"应付返奖奖金"科目。

新制度设置了"应付返奖奖金"科目，其核算内容比原账中"应付返奖奖金"科目的核算内容更加细化,设置了当期返奖奖金、奖池、调节基金和一般调节基金等明细科目。转账时,应将"应付返奖奖金"科目的余额进行分析,相应转入新账中"应付返奖奖金"科目的"当期返奖奖金"、"奖池"、"调节基金"和"一般调节基金"明细科目。

9."彩票销售结算"科目。

新制度设置了"彩票销售结算"科目,其核算内容与原账中"彩票销售结算"科目的核算内容基本相同。因原账中"彩票销售结算"科目一般无余额,不需进行转账处理。

(三)净资产类。

1."事业基金"科目。

新制度设置了"事业基金"科目,但不再在该科目下设置"一般基金"、"投资基金"明细科目,其核算范围也较原账中"事业基金"科目发生变化,不再包括财政专户核拨资金结转和财政专户核拨资金结余。转账时,应将原账中"事业基金"科目所属"投资基金"明细科目的余额分析转入新账中"非流动资产基金——长期投资"科目,并对所属"一般基金"明细科目的余额(扣除转入新账中"非流动资产基金——固定资产、无形资产、在建工程"科目金额后的余额)进行分析:对属于新制度下财政核拨资金结转的余额转入新账中"财政专户核拨资金结转"科目;对属于新制度下财政核拨资金结余的余额转入新账中"财政核拨资金结余"科目;将剩余余额,转入新账中"事业基金"科目。

2."专用基金"科目。

新制度设置了"专用基金"科目，转账时，应将原账中"专用基金"科目的余额分析转入新账中"专用基金"科目的相关明细科目。

3."经营结余"科目。

新制度设置了"经营结余"科目，其核算范围与原账中"经营结余"科目的核算范围基本相同。转账时，如果原账中"经营结余"科目有借方余额，应直接转入新账中"经营结余"科目。

4."事业结余"、"结余分配"科目。

新制度未设置"事业结余"科目，但设置了"待分配事业结余"科目，其核算范围较原账中"事业结余"科目发生变化，不再包括财政专户核拨资金结转和财政专户核拨资金结余；新制度未设置"结余分配"科目，但设置了"非财政专户核拨资金结余分配"科目，核算彩票机构本年度非财政专户核拨资金结余分配的情况和结果。因原账中"结余分配"科目一般无余额，不需进行转账处理，"非财政专户核拨资金结余分配"科目自2014年1月1日起直接启用新账即可。

原账中购进库存彩票时未计入支出，因此，"事业结余"科目一般有余额；同时，彩票机构购建固定资产时未计入支出，计提累计折旧时计入支出，因此，"事业结余"科目的余额一般与财政部门批复的结余数不一致。转账时，应将原账中"事业结余"科目的余额（扣除转入新账中"库存彩票基金"科目数额后的余额）进行分析：对属于新制度下财政核拨资金结转的余额转入新账中"财政专户核拨资金结转"科目；对属于新制度下财政核拨资金结余的余额转入新账中"财政核拨资金结余"科目;余额与财政部门批复结余数的差异数,冲减"事业基金"科目。

(四)收入支出类。

1."财政补助收入"、"事业收入"、"上级补助收入"、"附属单位缴款"、"经营收入"、"其他收入"、"拨出经费"、"事业支出"、"上缴上级支出"、"对附属单位补助"、"经营支出"、"销售税金"、"结转自筹基建"科目。

由于上述原账中收入支出类科目年末无余额,不需进行转账处理。自2014年1月1日起,应当按照新制度设置收入支出类科目并进行账务处理。

2."拨入专款"、"拨出专款"、"专款支出"科目。

新制度未设置"拨入专款"、"拨出专款"、"专款支出"科目。转账时,应将原账中"拨入专款"科目的余额转入新账中"非财政专户核拨资金结转"科目,将原账中"拨出专款"、"专款支出"科目的余额转入新账中"非财政专户核拨资金结转"科目。

三、按照新制度将基建账相关数据并入新账

彩票机构应当按照新制度的要求,在按国家有关规定单独核算基本建设投资的同时,将基建账相关数据并入单位会计"大账"。新制度设置了"在建工程"科目,该科目为新设科目。彩票机构应当在新账中"在建工程"科目下设置"基建工程"明细科目,核算由基建账并入的在建工程成本。

将2013年12月31日原基建账中相关科目余额并入新账时:按照基建账中"建筑安装工程投资"、"设备投资"、"待摊投资"、"预付工程款"等科目余额,借记新账中"在建工程——基建工程"科目;按照基建账中"交付使用资产"等科目余额,借记新账中"固定资产"等科目;按照基建账中"基建投资借款"科目余额,贷记新账中"长期借款"科目;按照基建账中"建筑安装工程投资"、"设备投资"、"待摊投资"、"预付工程款"、"交付使用资产"等科目余额,贷记新账中"非流动资产基金——在建工程"科目;按照基建账中"基建拨款"科目余额中归属于财政专户核拨资金结转的部分,贷记新账中"财政专户核拨资金结转"科目;按照基建账中其他科目余额,分析调整新账中相应科目;按照上述借贷方差额,贷记或借记新账中"事业基金"科目。

彩票机构执行新制度后,应当至少按月根据基建账中相关科目的发生额,在"大账"中按照新制度对基建相关业务进行会计处理。

四、财务报表新旧衔接

(一)彩票机构2014年1月1日期初资产负债表的编制。

彩票机构应当根据新账各会计科目期初余额,按照新制度编制2014年1月1日期初资产负债表。

(二)彩票机构2014年度财务报表的编制。

彩票机构应当按照新制度规定编制2014年的月度、年度财务报表。在编制2014年度收入支出表、财政核拨资金收入支出表时,不要求填列上年比较数。

附:新旧彩票机构会计制度会计科目对照表

附：

## 彩票机构新旧会计制度会计科目对照表

| 序号 | 彩票机构会计制度会计科目 | | 原彩票机构会计制度会计科目及补充规定会计科目 | |
|---|---|---|---|---|
| | 科目编号 | 科目名称 | 科目编号 | 科目名称 |
| 一、资产类 | | | | |
| 1 | 1001 | 库存现金 | 101 | 现金 |
| 2 | 1002 | 银行存款 | 102 | 银行存款 |
| 3 | 1011 | 零余额账户用款额度 | | 零余额账户用款额度* |
| 4 | 1101 | 短期投资 | 117 | 对外投资 |
| 5 | 1401 | 长期投资 | | |
| 6 | 1211 | 应收票据 | 105 | 应收票据 |
| 7 | 1212 | 应收账款 | 106 | 应收账款 |
| 8 | 1213 | 预付账款 | 108 | 预付账款 |
| 9 | 1215 | 其他应收款 | 110 | 其他应收款 |
| 10 | 1301 | 库存材料 | 115 | 材料 |
| | | | 116 | 产成品 |
| 11 | 1302 | 库存彩票 | 130 | 库存彩票* |
| 12 | 1501 | 固定资产 | 120 | 固定资产 |
| 13 | 1502 | 累计折旧 | 121 | 累计折旧* |
| 14 | 1511 | 在建工程 | | |
| 15 | 1601 | 无形资产 | 124 | 无形资产 |
| 16 | 1602 | 累计摊销 | | |
| 17 | 1701 | 待处置资产损溢 | 122 | 固定资产清理* |
| 二、负债类 | | | | |
| 18 | 2001 | 短期借款 | 201 | 借入款项 |
| 19 | 2501 | 长期借款 | | |
| 20 | 2101 | 应缴税费 | 210 | 应交税金 |
| 21 | 2102 | 应缴国库款 | 208 | 应缴预算款 |
| 22 | 2103 | 应缴财政专户款 | 209 | 应缴财政专户款 |
| | | | 220 | 待收财政专户款* |

续表

| 序号 | 彩票机构会计制度会计科目 |  | 原彩票机构会计制度会计科目及补充规定会计科目 |  |
|---|---|---|---|---|
|  | 科目编号 | 科目名称 | 科目编号 | 科目名称 |
| 23 | 2201 | 应付职工薪酬 |  | 应付工资（离退休费）* |
|  |  |  |  | 应付地方（部门）津贴补贴* |
|  |  |  |  | 应付其他个人收入* |
| 24 | 2301 | 应付票据 | 202 | 应付票据 |
| 25 | 2302 | 应付账款 | 203 | 应付账款 |
| 26 | 2303 | 预收账款 | 204 | 预收账款 |
| 27 | 2305 | 其他应付款 | 207 | 其他应付款 |
| 28 | 2502 | 长期应付款 |  |  |
| 29 | 2402 | 应付代销费 |  |  |
| 30 | 2401 | 应付返奖奖金 | 222 | 应付返奖奖金* |
| 31 | 2403 | 彩票销售结算 | 221 | 彩票销售结算* |
| 三、净资产类 |  |  |  |  |
| 32 | 3001 | 事业基金 | 301 | 事业基金——一般基金 |
| 33 | 3005 | 库存彩票基金 |  |  |
| 34 | 3101 | 非流动资产基金 |  |  |
|  | 310101 | 长期投资 | 301 | 事业基金——投资基金 |
|  | 310102 | 固定资产 |  |  |
|  | 310103 | 在建工程 |  |  |
|  | 310104 | 无形资产 |  |  |
| 35 | 3201 | 专用基金 | 303 | 专用基金 |
| 36 | 3301 | 财政专户核拨资金结转 |  |  |
|  | 330101 | 基本支出结转 |  |  |
|  | 330102 | 项目支出结转 |  |  |
| 37 | 3302 | 财政专户核拨资金结余 |  |  |

续表

| 序号 | 彩票机构会计制度会计科目 || 原彩票机构会计制度会计科目及补充规定会计科目 ||
|---|---|---|---|---|
| | 科目编号 | 科目名称 | 科目编号 | 科目名称 |
| 38 | 3401 | 非财政专户核拨资金结转 | | |
| 39 | 3402 | 待分配事业结余 | 306 | 事业结余 |
| 40 | 3403 | 经营结余 | 307 | 经营结余 |
| 41 | 3404 | 非财政专户核拨资金结余分配 | 308 | 结余分配 |
| 四、收入类 ||||| 
| 42 | 4101 | 事业收入 | 405 | 事业收入 |
| 43 | 4201 | 上级补助收入 | 403 | 上级补助收入 |
| 44 | 4301 | 附属单位上缴收入 | 412 | 附属单位缴款 |
| 45 | 4401 | 经营收入 | 409 | 经营收入 |
| 46 | 4501 | 其他收入 | 413 | 其他收入 |
| 47 | | | 401 | 财政补助收入 |
| 五、支出类 |||||
| 48 | 5001 | 事业支出 | 501 | 拨出经费 |
| | | | 504 | 事业支出 |
| | | | 520 | 结转自筹基建 |
| 49 | 5201 | 对附属单位补助支出 | 517 | 对附属单位补助 |
| 50 | 5301 | 经营支出 | 505 | 经营支出 |
| | | | 512 | 销售税金 |
| 51 | 5401 | 其他支出 | | |
| 52 | | | 516 | 上缴上级支出 |

注：上表中标有"*"号的会计科目为彩票机构参照财政部印发的相关补充规定增设的会计科目。